"十四五"新工科应用型教材建设项目成果
21世纪技能创新型人才培养系列教材
汽车系列

汽车机械识图
习题集

主　编◎陈　颖　张　敏
副主编◎王晨爽

中国人民大学出版社
·北京·

图书在版编目（CIP）数据

汽车机械识图习题集 / 陈颖，张敏主编. -- 北京：中国人民大学出版社，2021.10

21 世纪技能创新型人才培养系列教材. 汽车系列

ISBN 978-7-300-29796-5

Ⅰ. ①汽… Ⅱ. ①陈… ②张… Ⅲ. ①汽车－机械图－识图－职业教育－习题集 Ⅳ. ① U462.1-44

中国版本图书馆 CIP 数据核字（2021）第 174365 号

"十四五"新工科应用型教材建设项目成果

21 世纪技能创新型人才培养系列教材·汽车系列

汽车机械识图习题集

主　编　陈　颖　张　敏

副主编　王晨爽

Qiche Jixie Shitu Xitiji

出版发行	中国人民大学出版社		
社　　址	北京中关村大街 31 号	**邮政编码**	100080
电　　话	010－62511242（总编室）		010－62511770（质管部）
	010－82501766（邮购部）		010－62514148（门市部）
	010－62515195（发行公司）		010－62515275（盗版举报）
网　　址	http://www.crup.com.cn		
经　　销	新华书店		
印　　刷	北京昌联印刷有限公司		
规　　格	370 mm × 260 mm　8 开本	**版　　次**	2021 年 10 月第 1 版
印　　张	9	**印　　次**	2021 年 10 月第 1 次印刷
字　　数	152 000	**定　　价**	22.00 元

前　言

教材是教学过程的载体，加强教材建设是深化职业教育改革的重要途径，为满足高层次汽车类人才培养的需求，我们编写了本书，作为《汽车机械识图》教材的配套习题集。本习题集以培养学生创新能力和综合素质为出发点，选题新颖，内容丰富，知识点覆盖全面，主要特点如下：

（1）贯彻最新技术制图和机械制图国家标准。

（2）按照知识点编撰，习题的编排由易到难，循序渐进，以适应不同专业和不同层次教学的要求。

（3）习题灵活多变，具有一定的深度和广度，有利于拓宽学生的知识面。

（4）习题与生产岗位实际紧密结合，有较强的针对性和实用性。

（5）习题集中一共安排了 3 次综合练习实践，并配有相应的学习指导，有利于学生专业技能的提升。

本习题集由长春汽车工业高等专科学校陈颖、张敏担任主编，王晨爽担任副主编。其中，张敏编写了模块 1、模块 2、模块 8、模块 9，陈颖编写了模块 3、模块 5、模块 6、模块 7，王晨爽编写了模块 4。

由于时间仓促，加之编者的能力有限，习题集中难免有不足之处，敬请广大读者批评指正。

编　者

目　录

模块 1　制图的基本知识与技能

任务 1　国家标准《技术制图》和《机械制图》的一般规定

1. 字体练习。

1 2 3 4 5 6 7 8 9 0 Φ R 1 2 3 4 5 6 7 8 9 0 Φ R 2 6

A B C D E F G H I J K L M N O P Q R S T U V W X Y Z

a b c d e f g h i j k l m n o p q r s t u v w x y z

机 械 制 图 名 称 审 核 材 料 比 例 数 量 倒 角 淬 火 未 注

2. 图线练习。

(1)

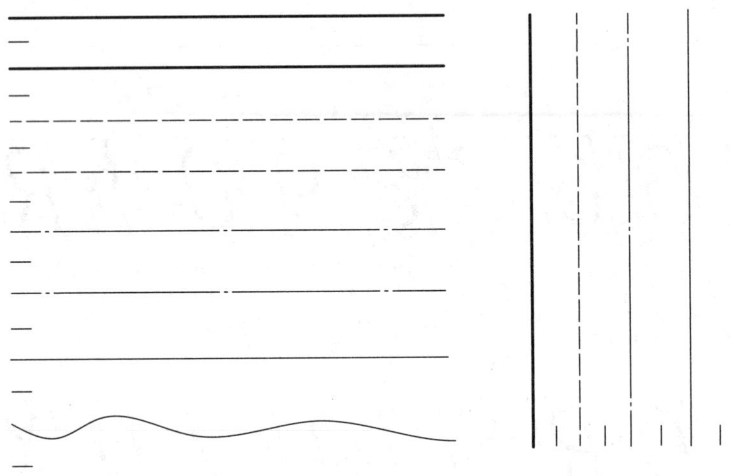

(2)

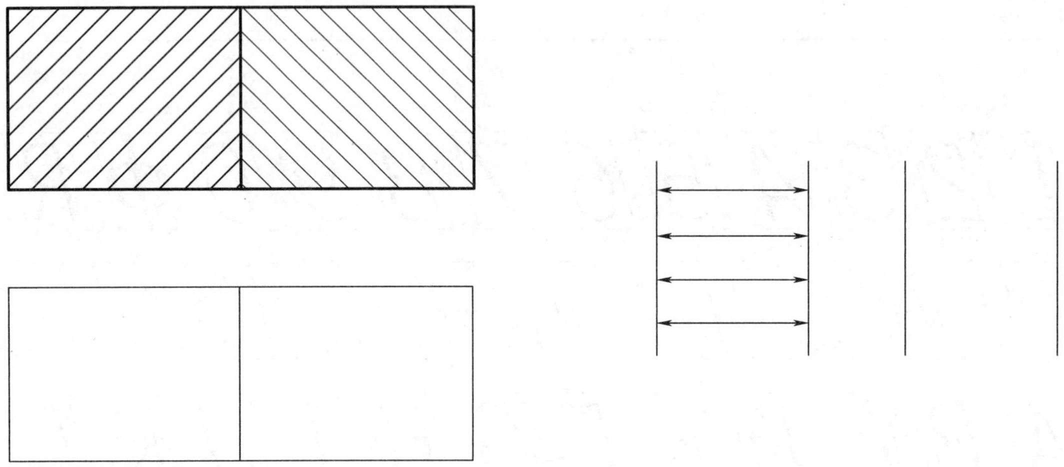

(3)

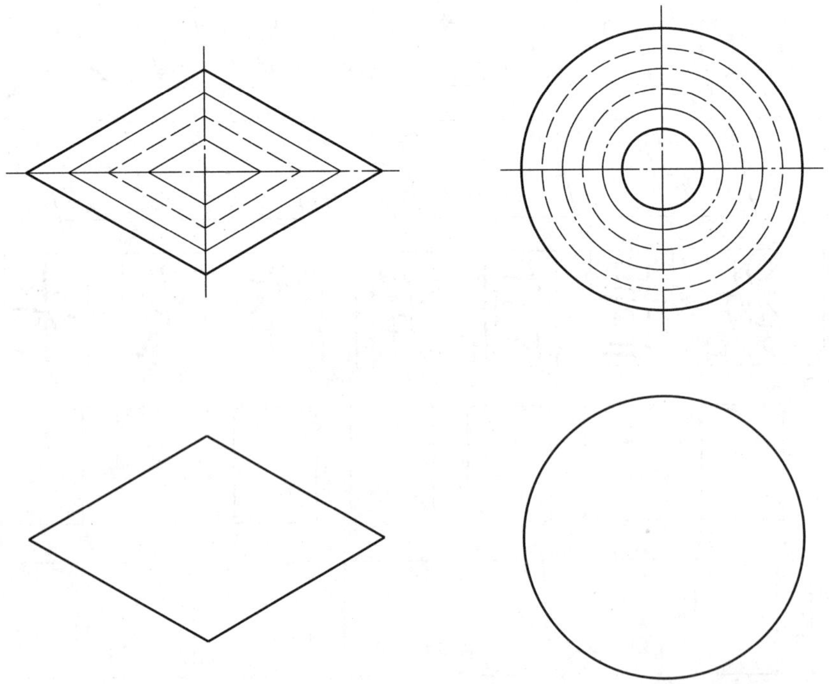

(4)

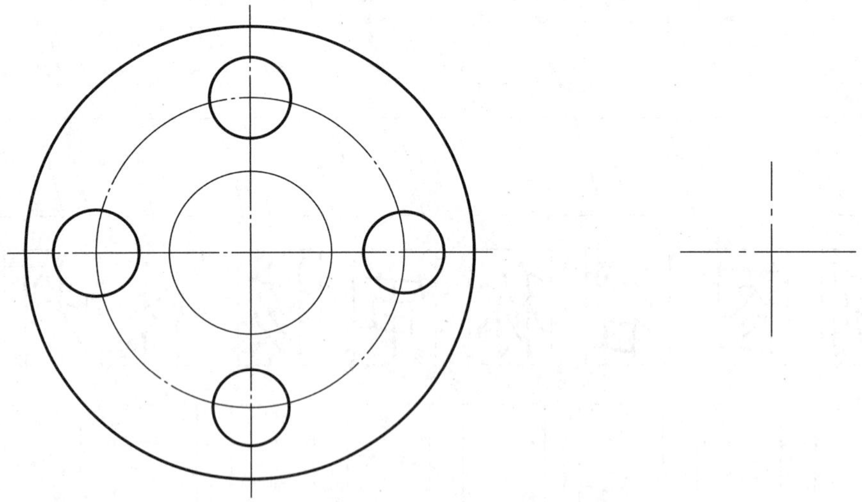

3. 标注尺寸（按 1 : 1 量取尺寸并取整数）。

（1）线性尺寸标注。

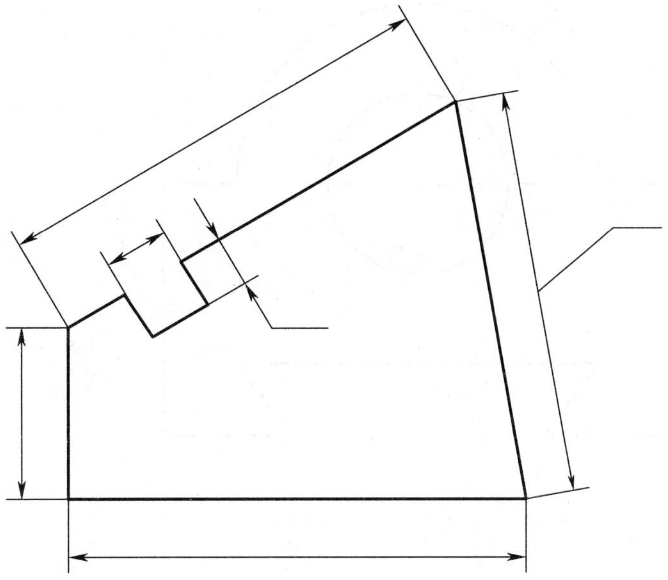

（2）圆的直径。

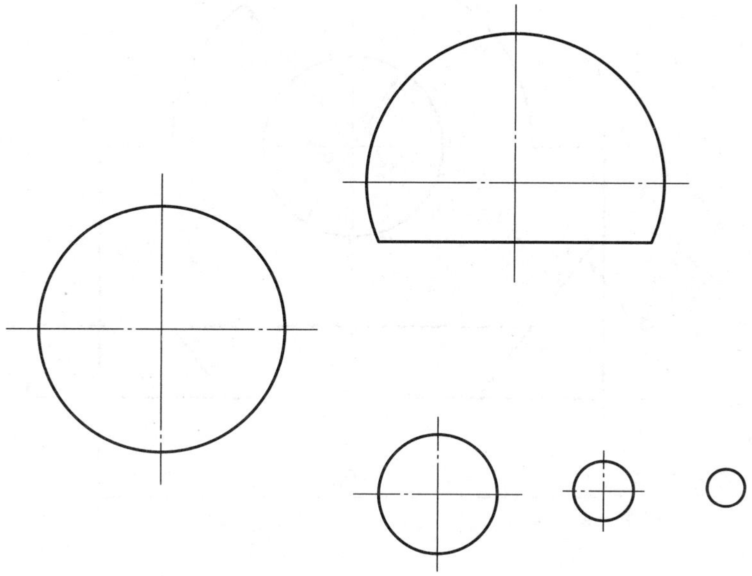

（3）半圆与圆弧。

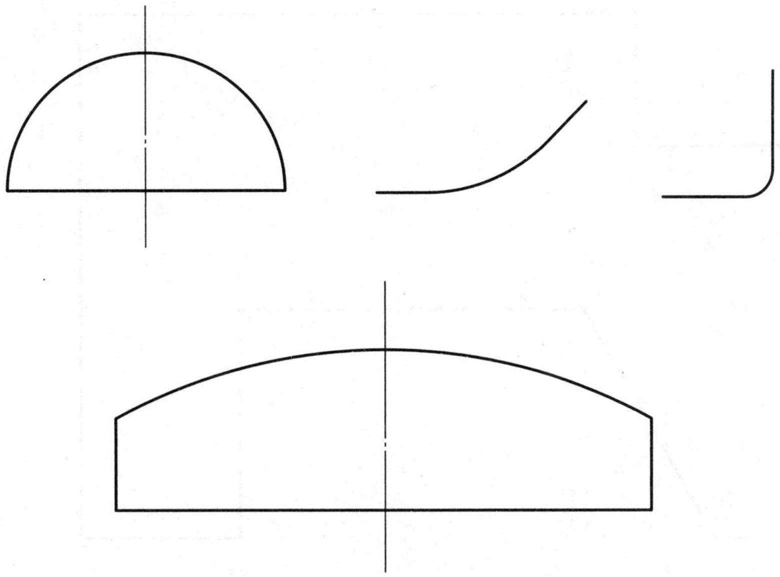

（4）角度尺寸。

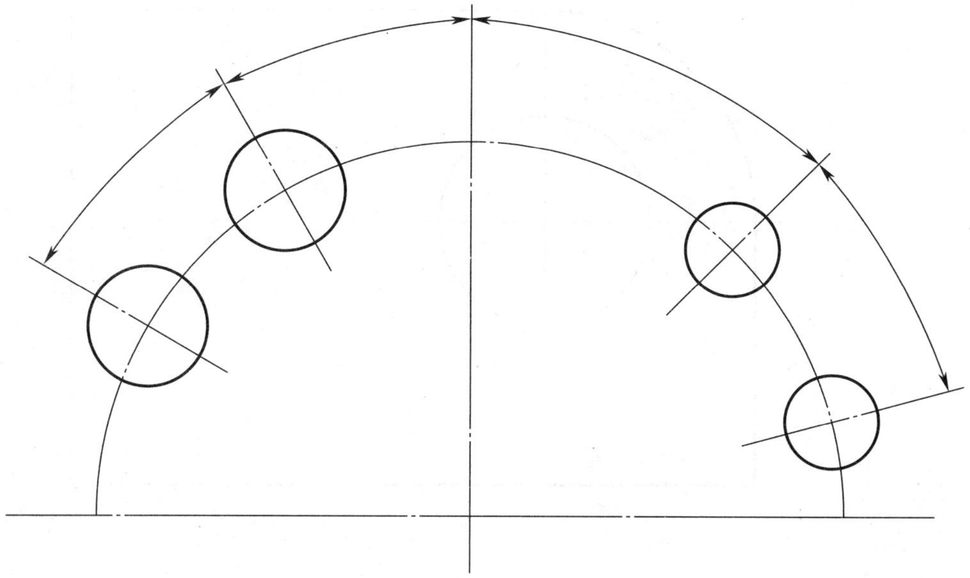

4. 分析左图中标注尺寸的错误，并在右图中正确标注。

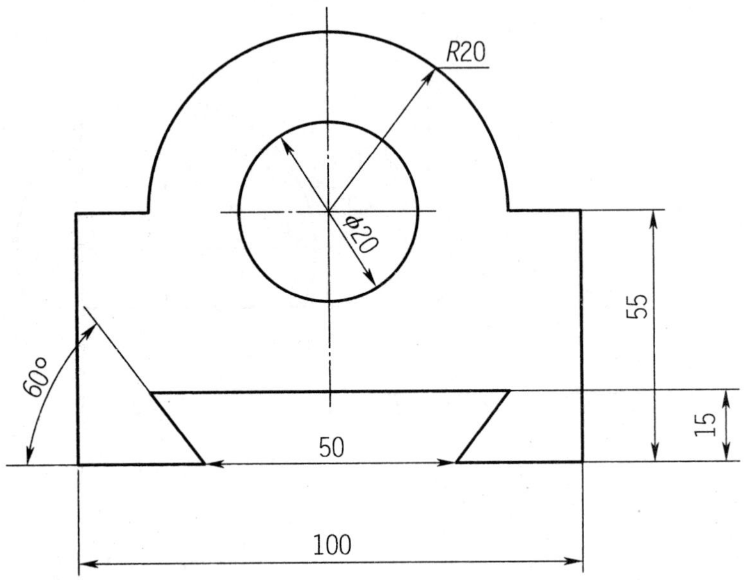

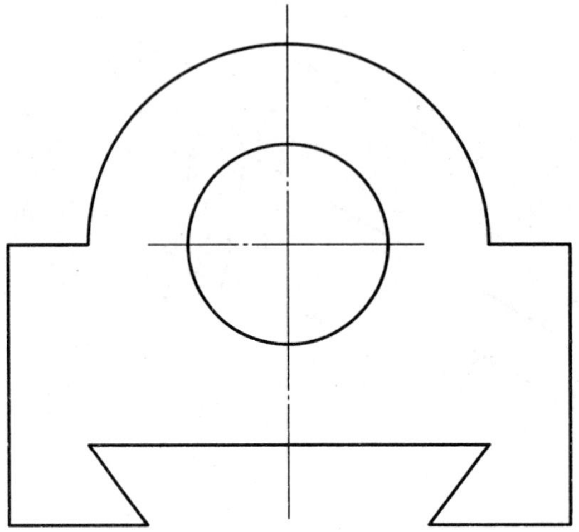

5. 标注平面图形尺寸（按 1 : 1 量取尺寸并取整数）。

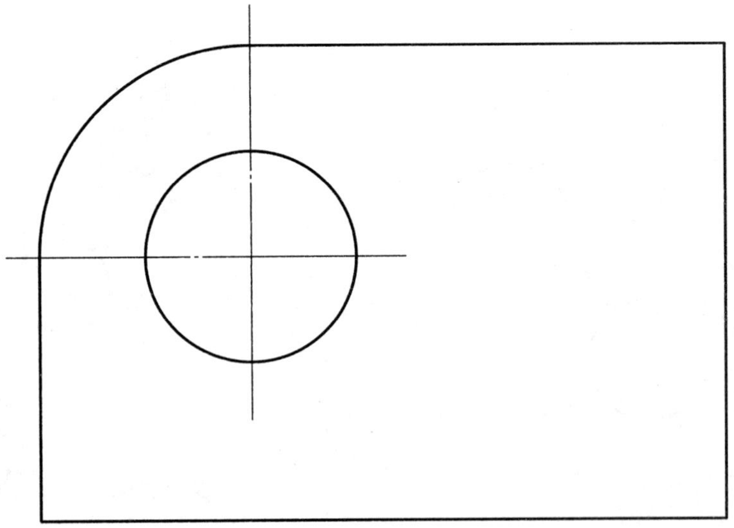

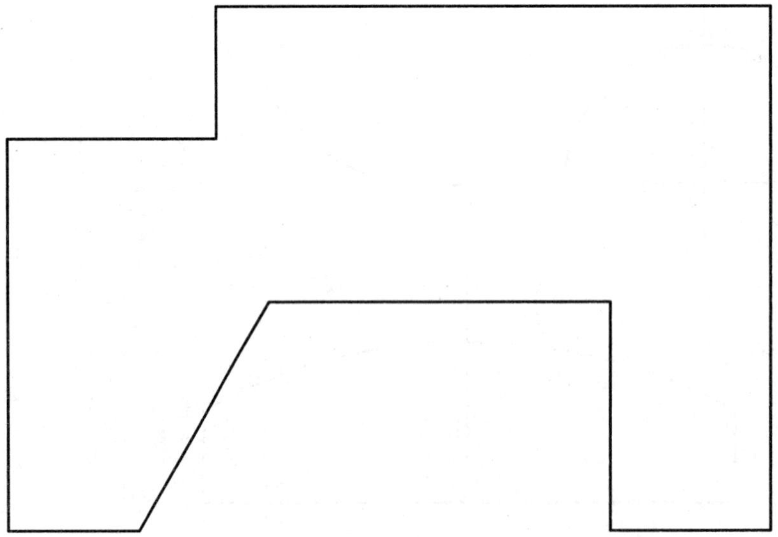

任务 2　几何作图

1. 按图例完成下列各图。

（1）用三角板和圆规三等分圆周并绘制正三角形。

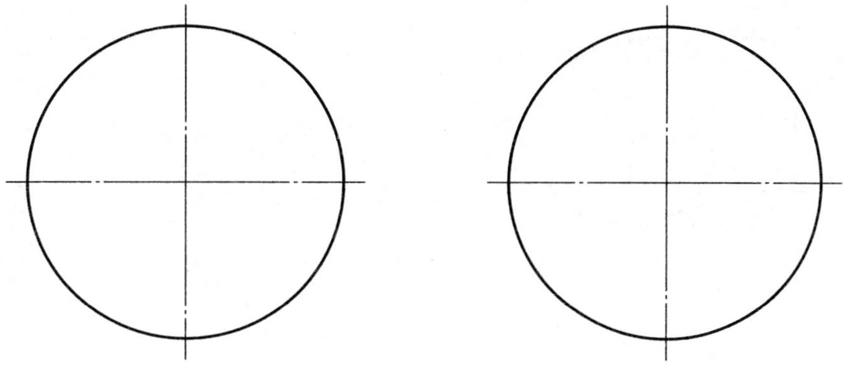

（2）用三角板和圆规六等分圆周并绘制正六边形。

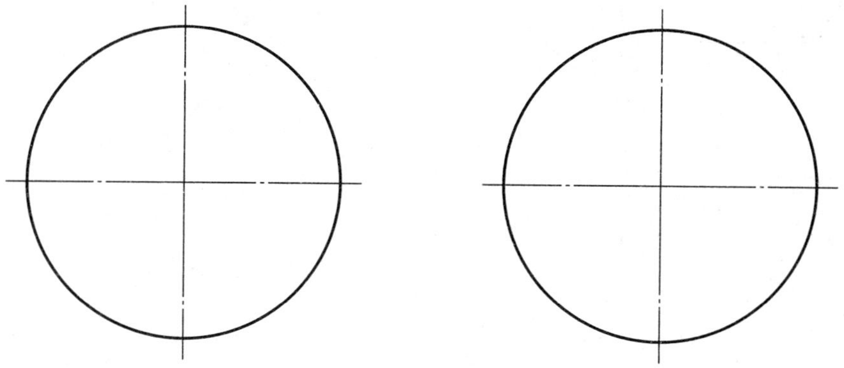

（3）绘制斜度线并标注斜度。

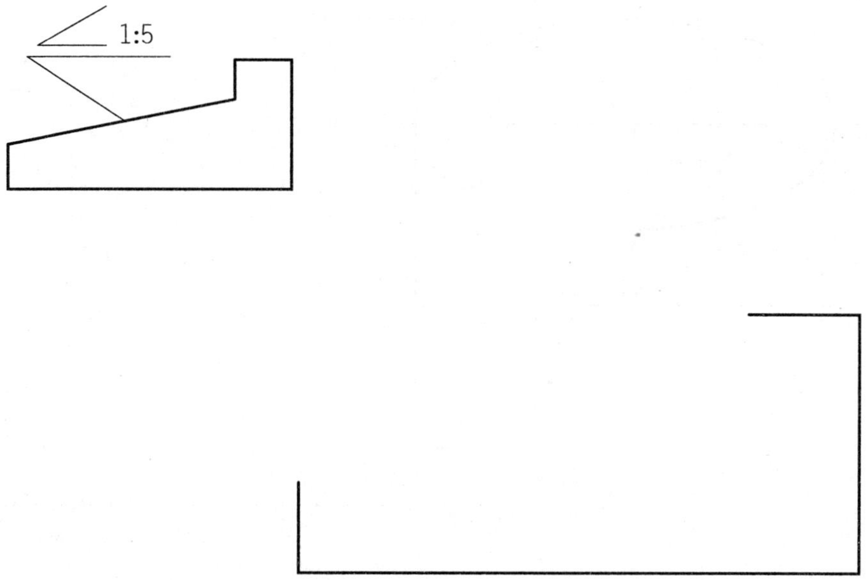

（4）绘制锥度线并标注锥度。

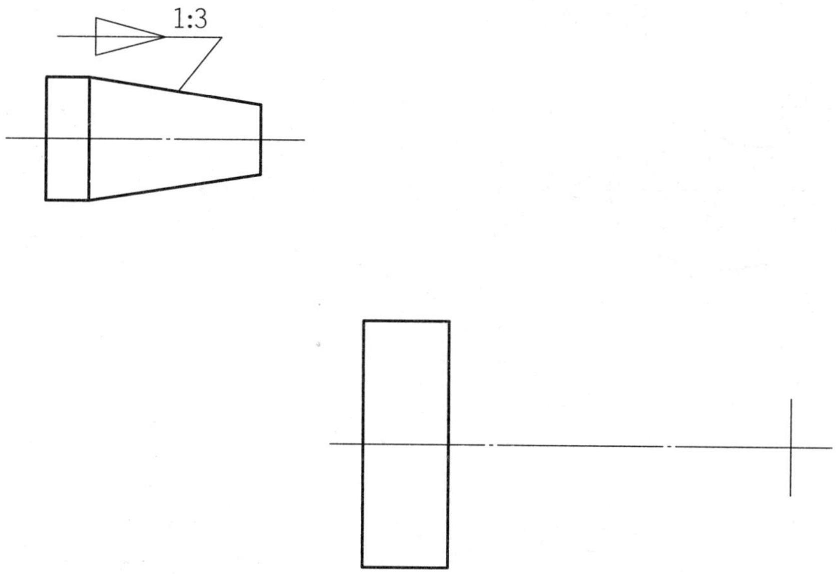

2. 参照图例，按要求作图。

（1）参照图例，用 1 : 1 比例尺作圆弧连接（标出切点，保留作图线）。

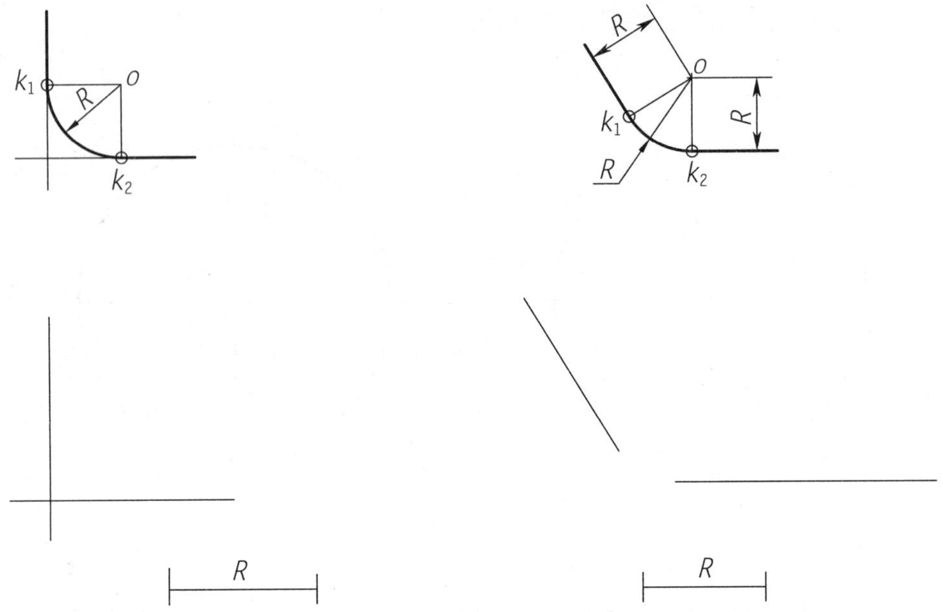

（2）根据小图形状和尺寸，在指定位置用 1 : 1 的比例绘制图形。要求保留作图线并加深作图结果。

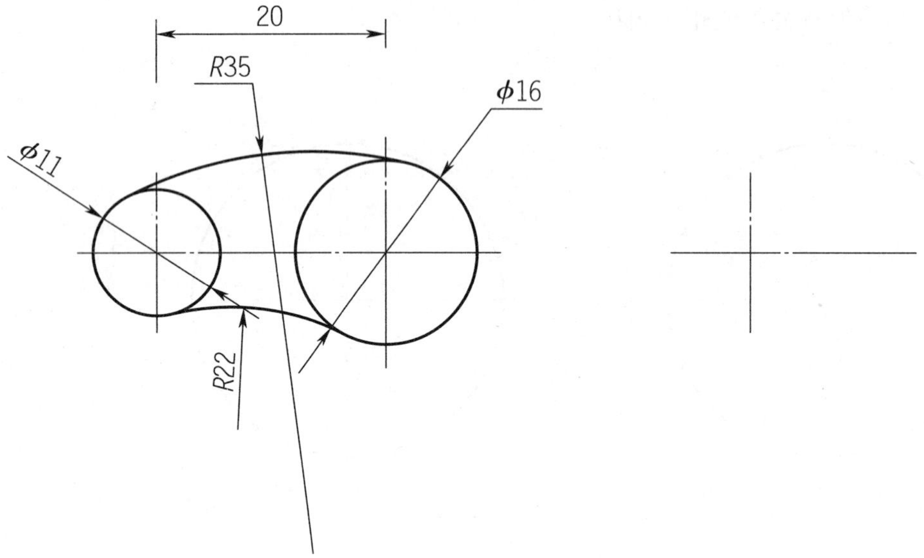

（3）根据小图形状和尺寸，在指定位置用 1 : 1 的比例绘制图形。要求保留作图线并加深作图结果。

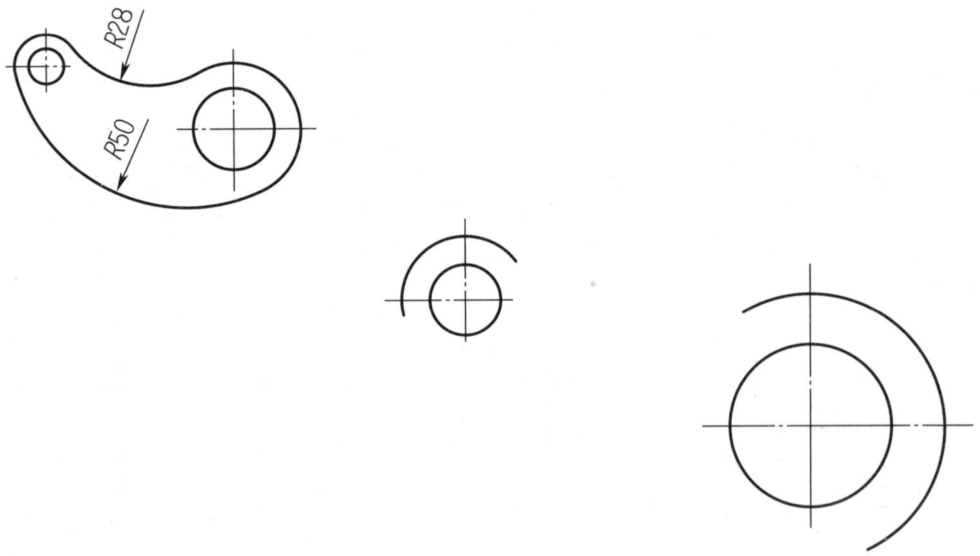

（4）按图中尺寸，在指定位置用 1 : 1 的比例用四心圆法作椭圆。

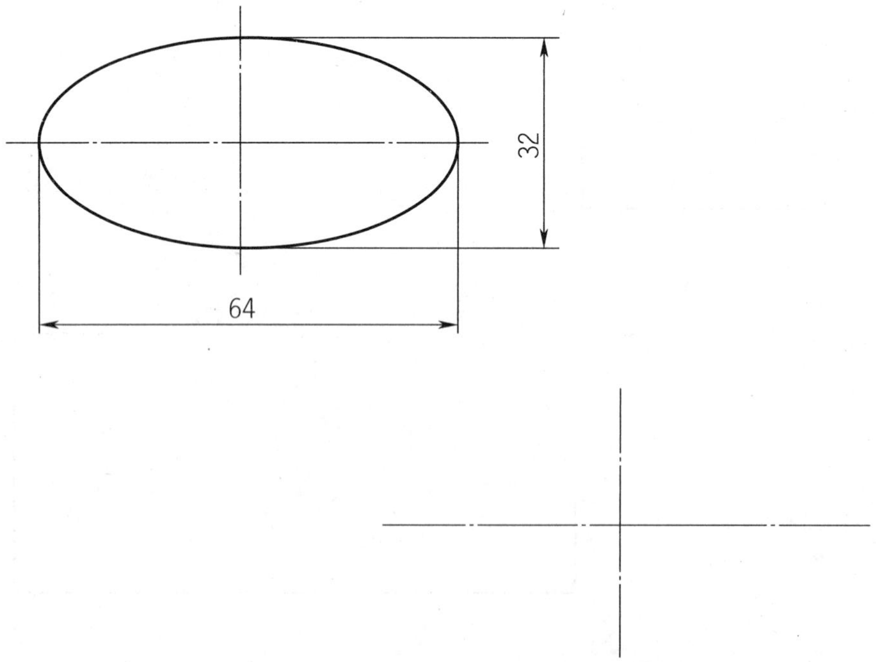

练习实践　抄画平面图形并标注尺寸

一、实践目的

1．掌握平面图形的分析方法和圆弧连接的作图方法。

2．掌握平面图形的绘图方法和步骤。

3．掌握平面图形的尺寸标注方法。

二、内容和要求

用 A4 图幅选取适当的比例抄画选定的平面图形。

1．按国家标准绘制图框和标题栏。

2．在图框内合理、美观地布置图形位置。

3．正确使用绘图仪器和工具。

4．按尺寸精确作图，减小误差。连接圆弧应用几何作图的方法作出圆心和切点。

5．绘制完图形后，擦除作图辅助线，加深图形，保证图面整洁、清晰。

6．图线应符合国家标准的规定，粗细分明，线型均匀一致，尺寸、数字及箭头大小一致。

三、作图步骤

1．画图准备。

（1）准备好绘图仪器和工具。

（2）对图形进行尺寸分析和线段分析，明确绘图步骤。

（3）确定绘图比例和图幅。

（4）固定好图纸，画出图框和标题栏。

2．绘制底稿。

（1）画作图基准线。

（2）画出已知线段。

（3）画出中间线段。

（4）画出连接线段。

3．检查、整理、加深图形，标注尺寸并填写标题栏。

底稿完成后，应检查、修改和整理图形，擦除作图辅助线；然后用 HB 或 B 型号铅笔加深图线、标注尺寸并填写标题栏。

4．全面检查，完成绘图。

四、注意事项

用 H 或 2H 型号铅笔轻轻绘制底稿，以便于修改和擦除作图辅助线。

五、作图

在右边空白处抄画平面图形并标注尺寸（按 1：1 量取尺寸并取整数）。

1.

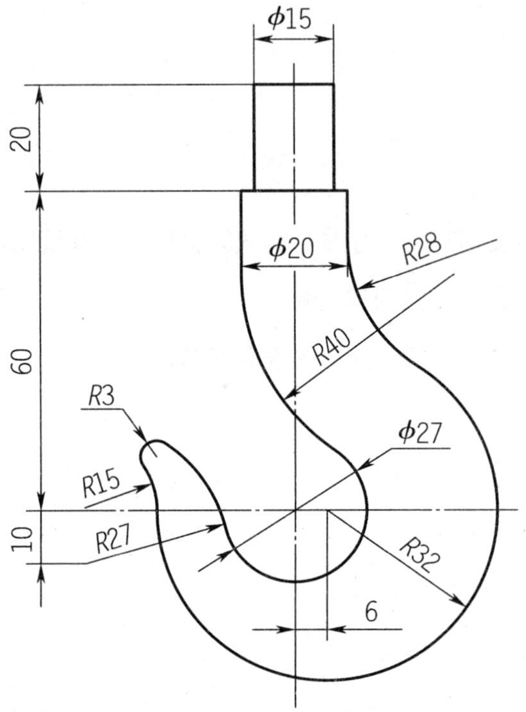

2.

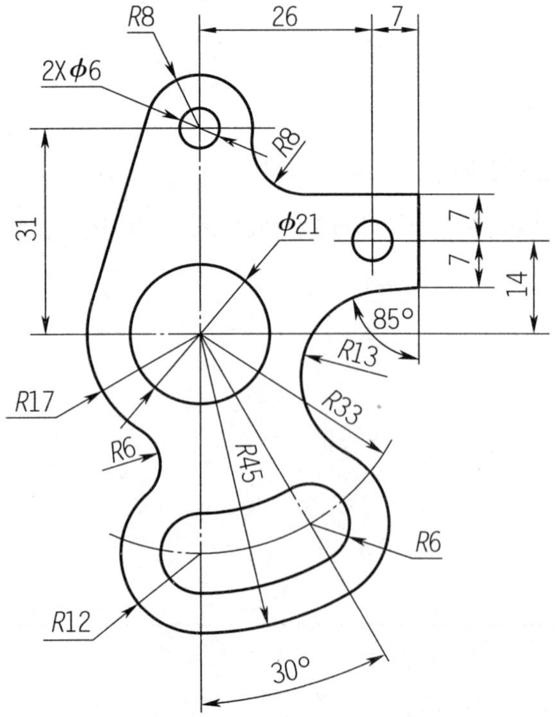

模块 2　正投影

任务 1　点的投影

1. 已知各点的空间位置，根据立体图作出各点的三面投影（在立体图中量取尺寸，取整数）。

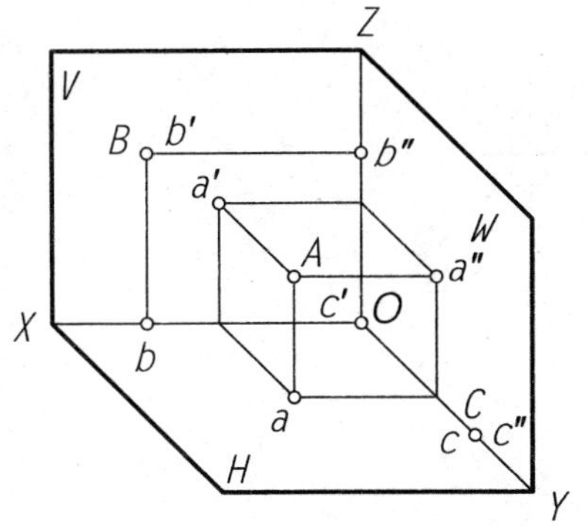

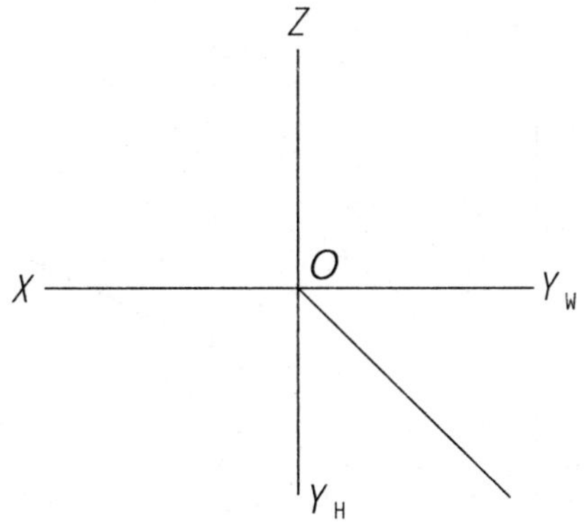

2. 作点 A（25,20,15）、B（10,0,30）、C（0,0,15）的三面投影。

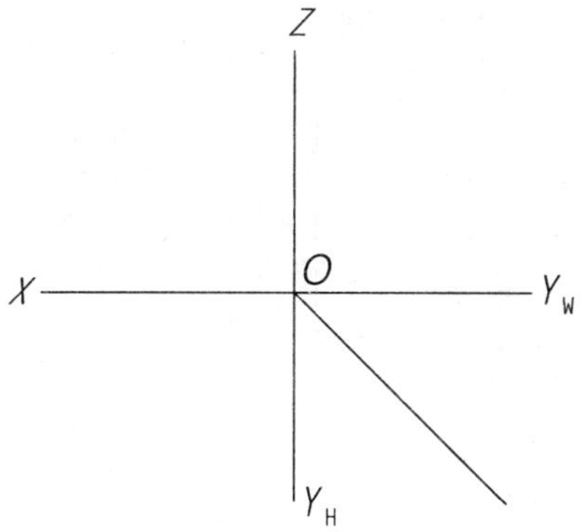

3. 已知各点的两面投影，求作它们的第三面投影。

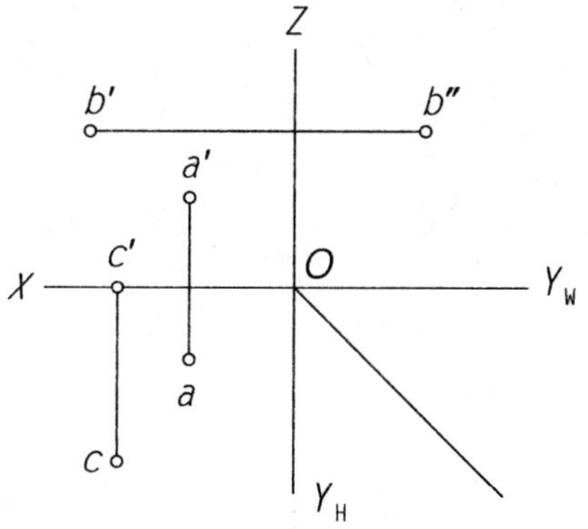

4. 根据点的投影图，分别写出点坐标及到投影面的距离。

A（　　　　）

B（　　　　）

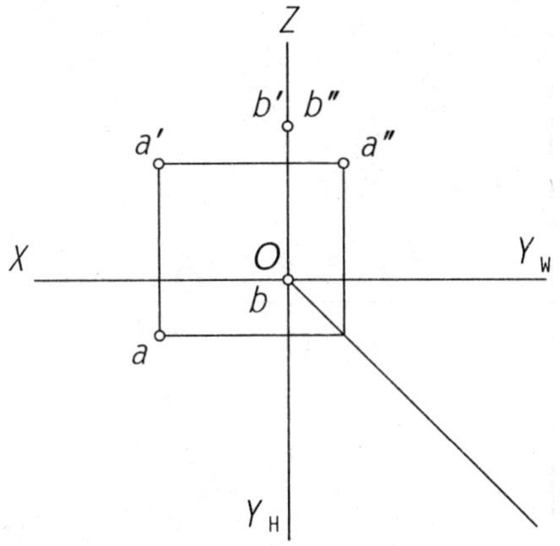

	距 H 面	距 V 面	距 W 面
A			
B			

5. 已知点 B（12,10,25），A 点在 B 点的下方 10、左方 5、前方 8，作出 A、B 两点的三面投影。

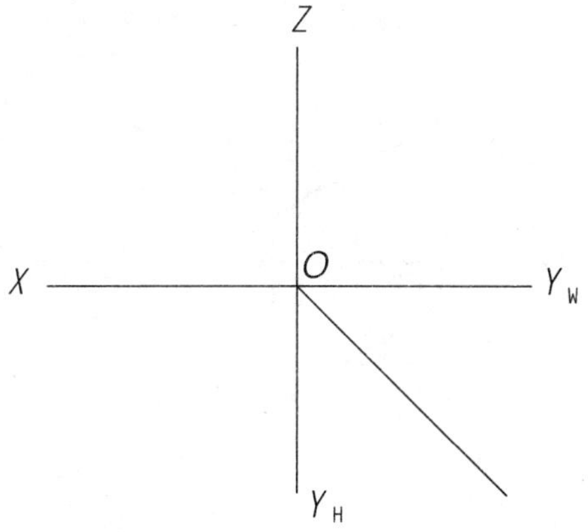

6. 已知 A 点的三面投影，B 点在 A 点的正左方 15，C 点在 A 点的正下方 10，求作 B、C 两点的三面投影。

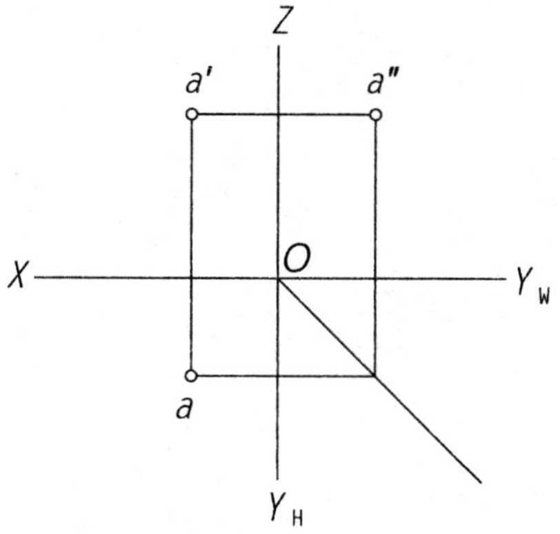

任务 2 直线的投影

1. 画出下列直线的第三面投影，并判断直线相对于投影面的位置。

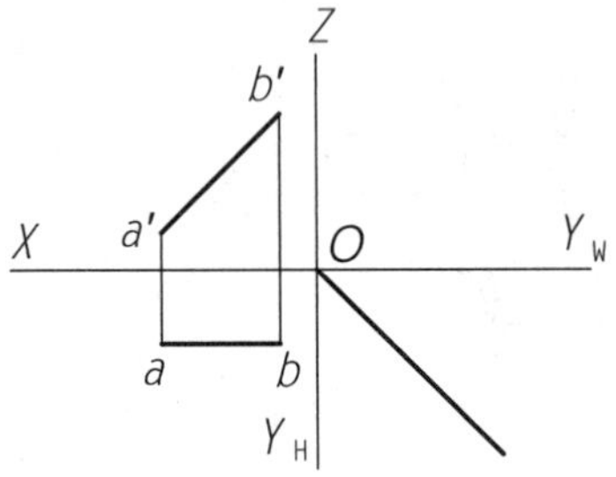

____ 线

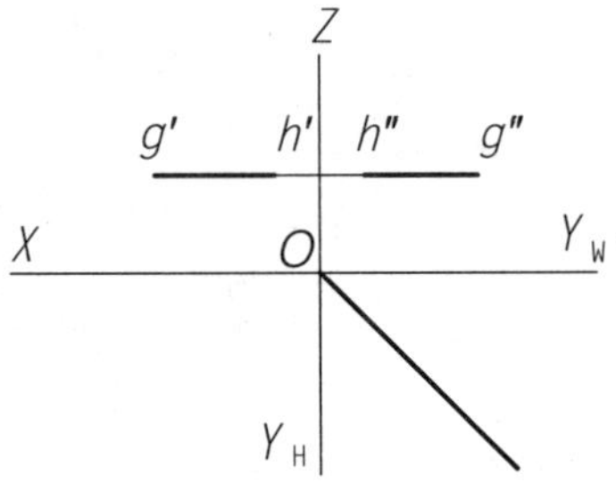

____ 线

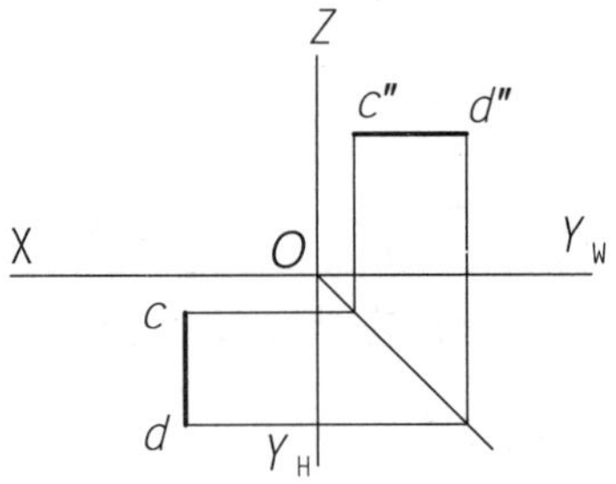

____ 线

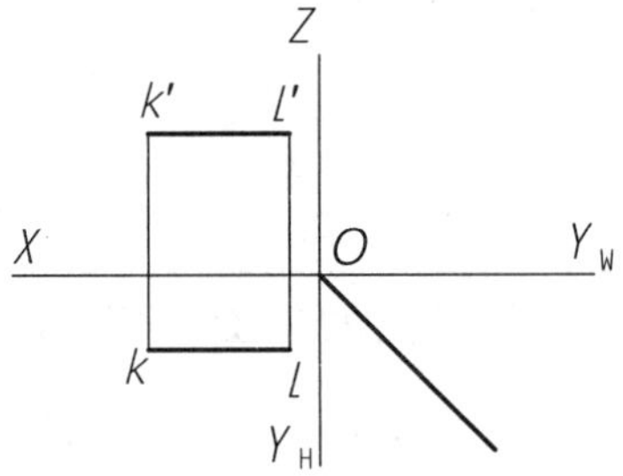

____ 线

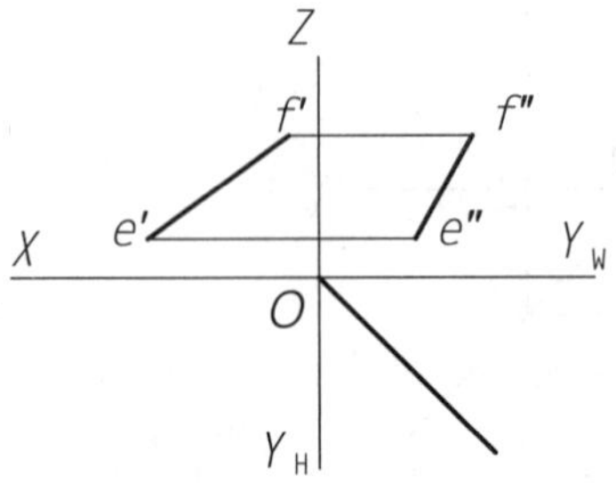

____ 线

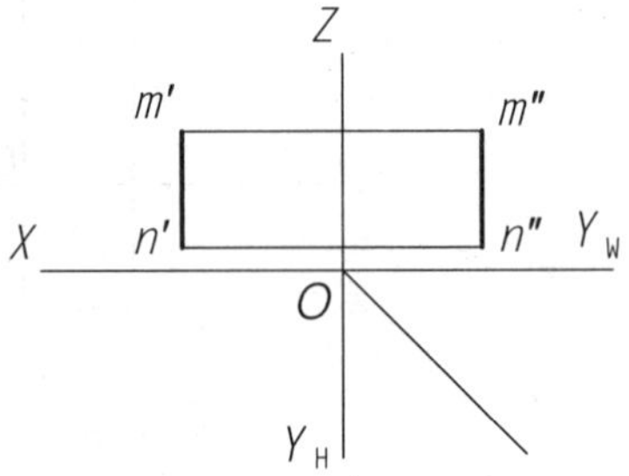

____ 线

2. 求作直线 *AB* 的侧面投影，并作出直线 *AB* 上点 *K* 的其他两面投影。

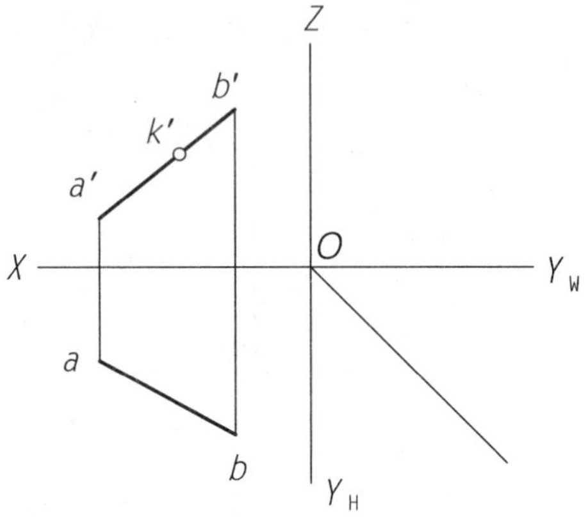

3. 已知水平线 *AB* 在 *H* 面上方 25mm，求作其他两面投影。

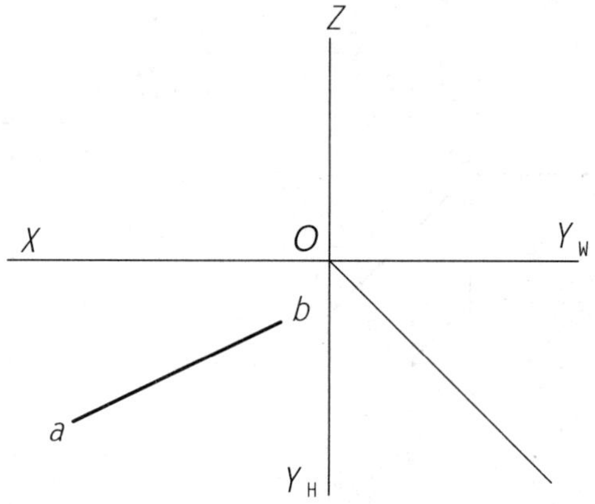

4. 在已知直线 *AB* 上取一点 *C*，使 *AC* : *CB*=2 : 3。

（1）试作出 *AB* 的第三面投影及 *C* 点的三面投影。

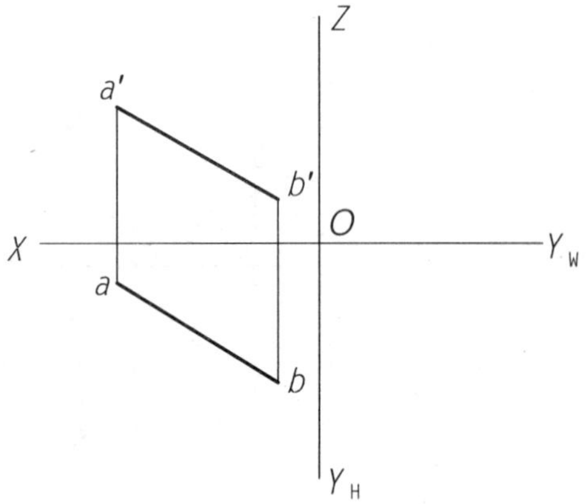

（2）试作出 *C* 点的两面投影。

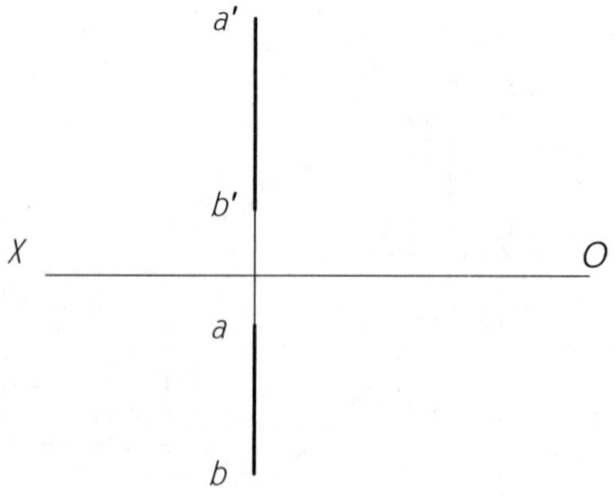

5. 判断下列两直线的相对位置（平行、相交、交叉）。

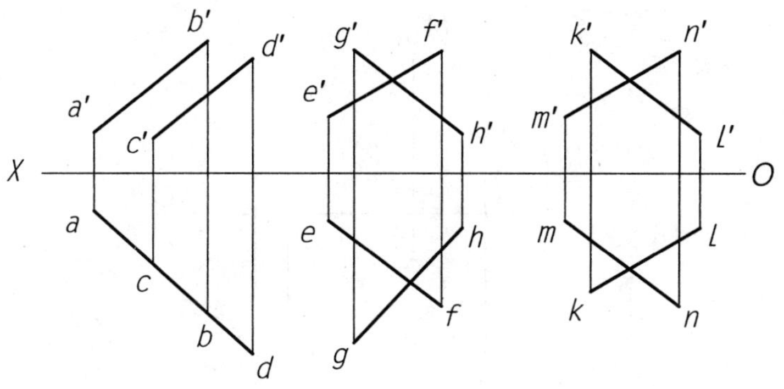

AB 与 *CD* ______________。

EF 与 *GH* ______________。

MN 与 *KL* ______________。

6. 已知直线 *AB* 上有一点 *C* 距 *H* 面 25mm，求作 *C* 点的投影。

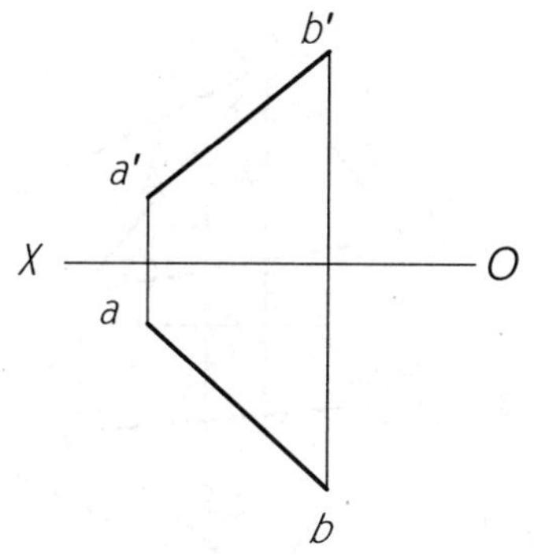

7. 作正平线，使其与直线 *AB*、*CD* 均相交，且距 *V* 面为 30mm。

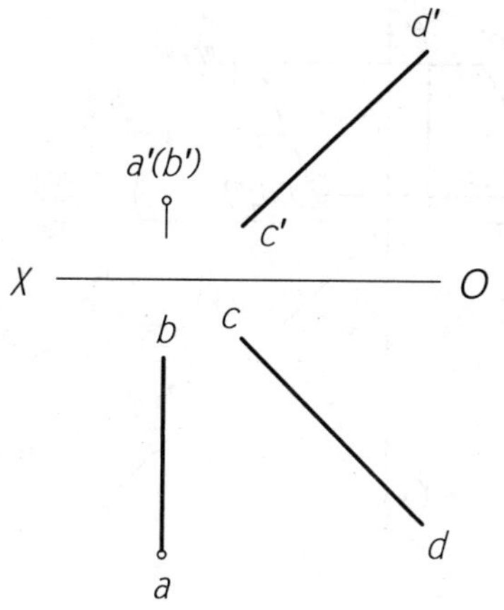

8. 直线 *MN* 与直线 *AB* 平行，且与直线 *CD*、*EF* 均相交，求作直线 *MN* 的投影。

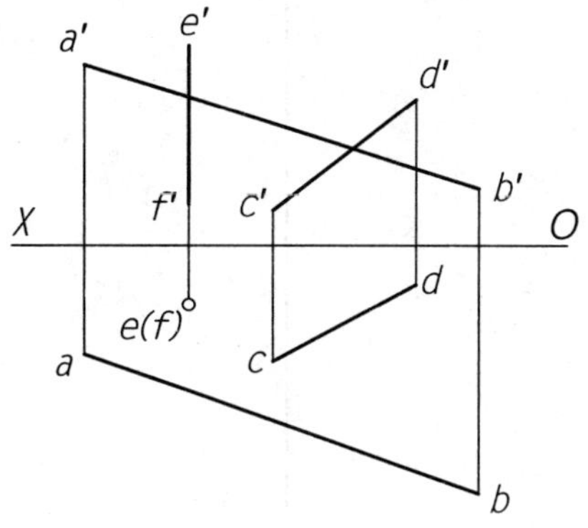

9. 判断两交叉直线重影点的可见性，在图中标注。

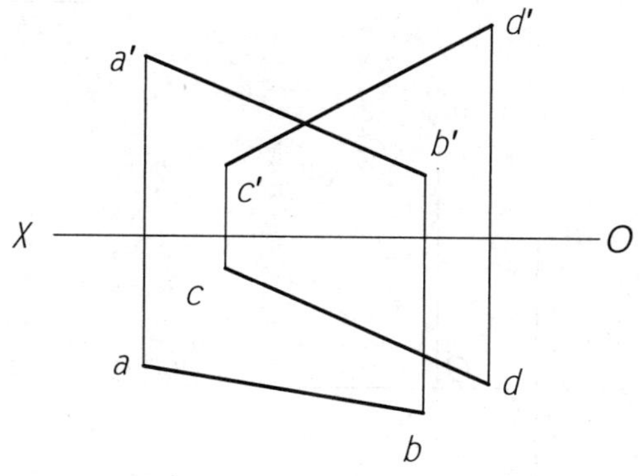

任务 3 平面的投影

1. 补全下列平面图形的第三面投影，并判断平面相对投影面的位置。

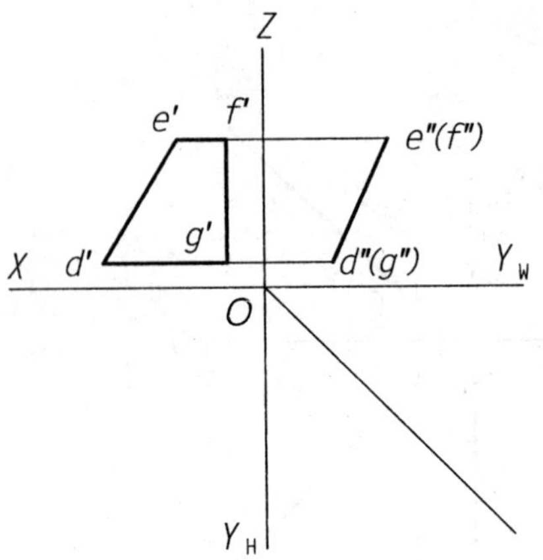

________面

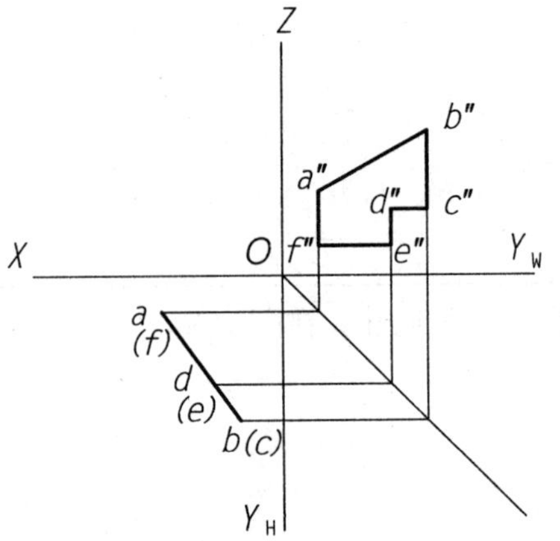

________面

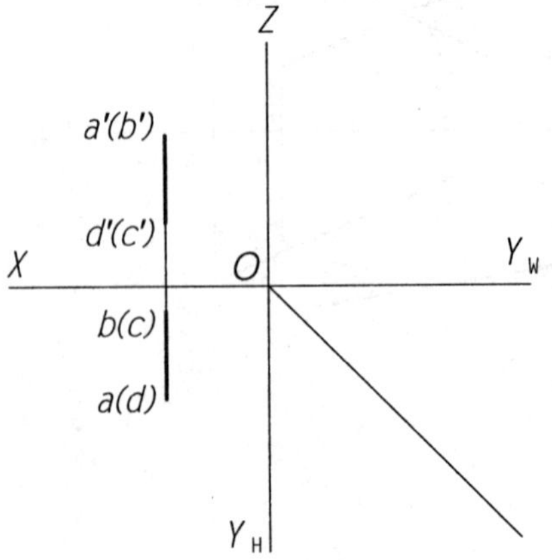

________面

2. 判断点 *K* 和直线 *AD* 是否在△ *ABC* 平面上。

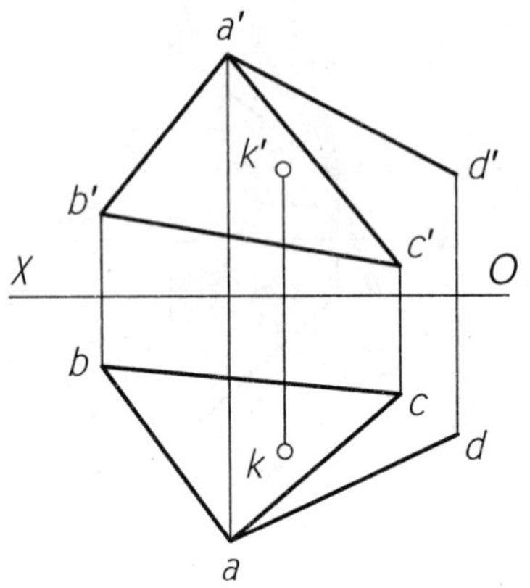

点 *K*________△ *ABC* 上，直线 *AD*________△ *ABC* 上。

3. 判断 *A*、*B*、*C*、*D* 四点是否在同一平面上。

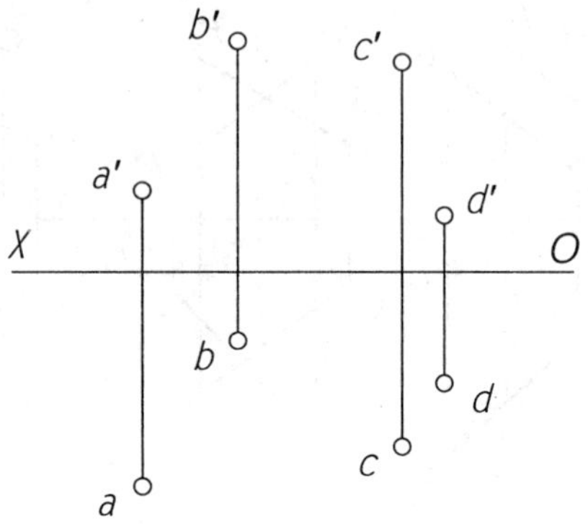

A、*B*、*C*、*D* 四点________同一平面上。

4. 补全多边形 *ABCDE* 的水平和正面投影。

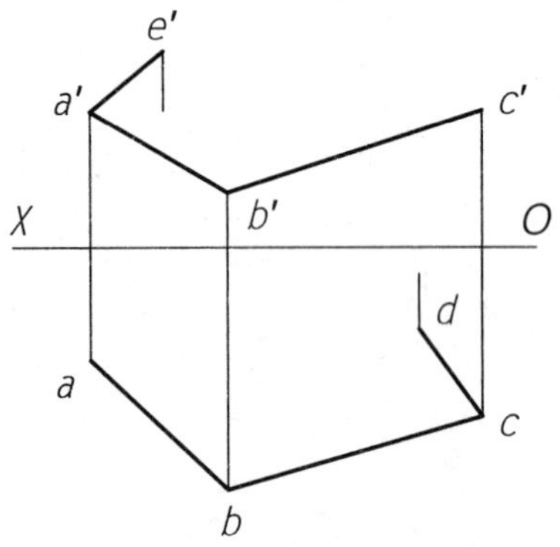

5. 以直线 *AB* 为边作一正方形 *ABCD*，该平面是侧垂面，试完成 *ABCD* 的三面投影。

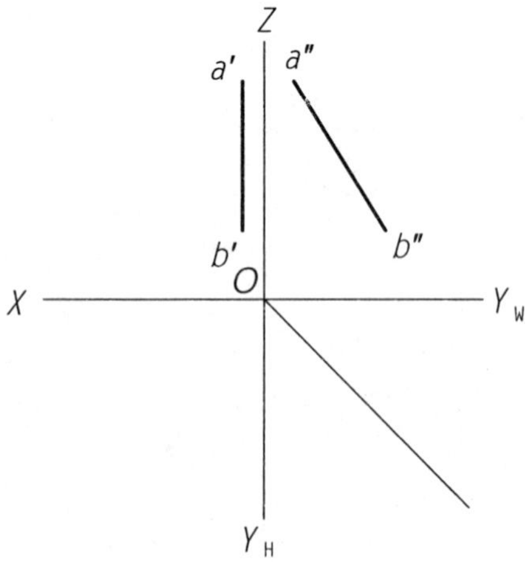

6. 判断直线 *AB* 与 *CD* 的相对位置，并在指定位置写出答案。

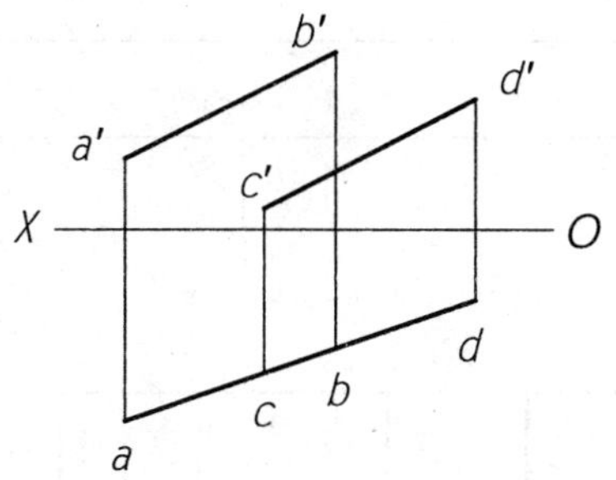

______面

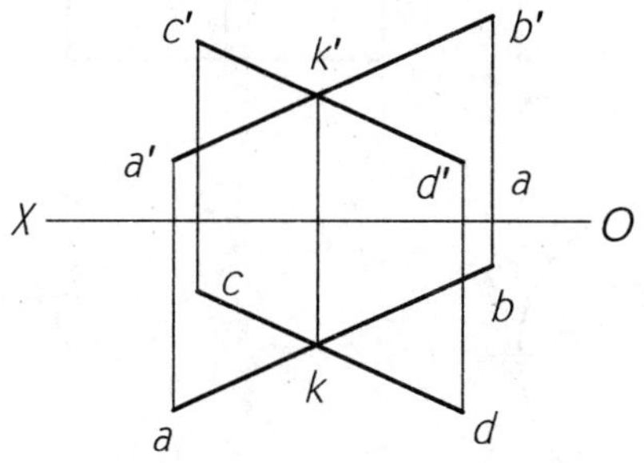

______面

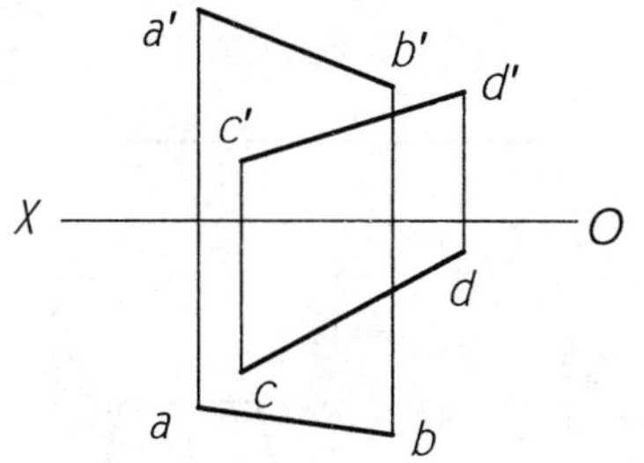

______面

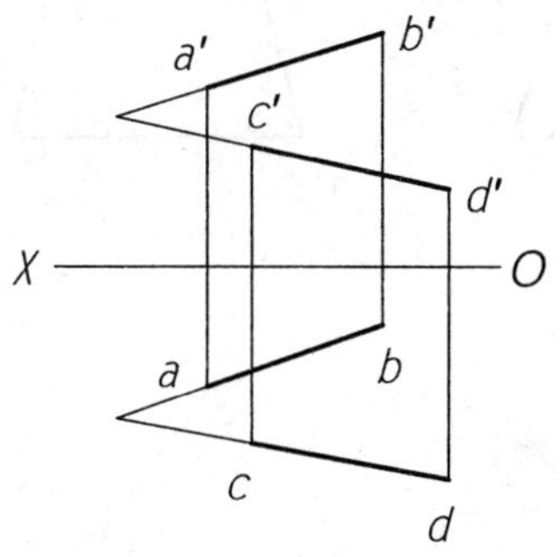

______面

7. 过 *B* 点作属于△ *ABC* 的正平线。

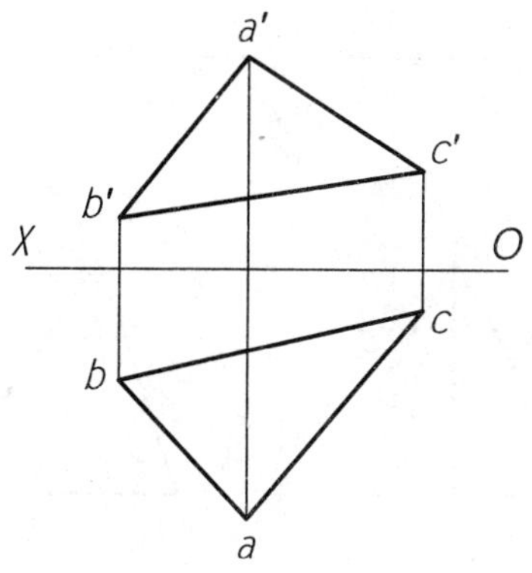

8. 已知△ *ABC* 的两面投影，求其侧面投影，并在△ *ABC* 内取一点 *K*，使 *K* 点距 *V* 面 25mm，距 *H* 面 20mm。

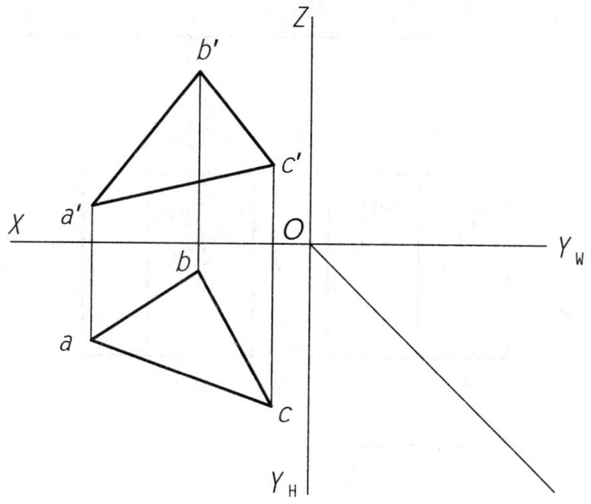

9. 过点 *M* 作水平线与△ *ABC* 平行。

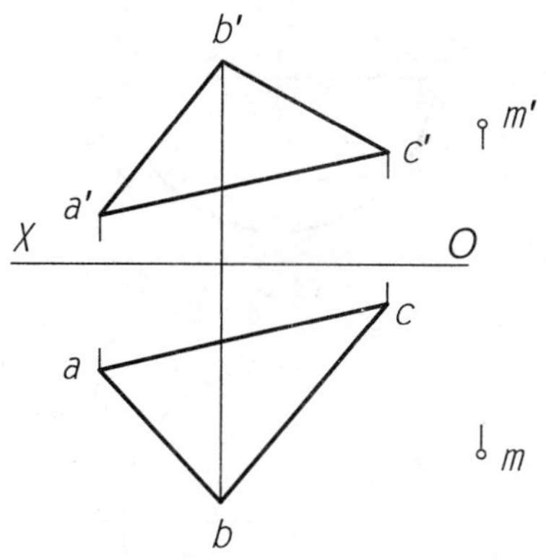

10. 作出平面 *ABCD* 内△ *EFG* 的水平投影。

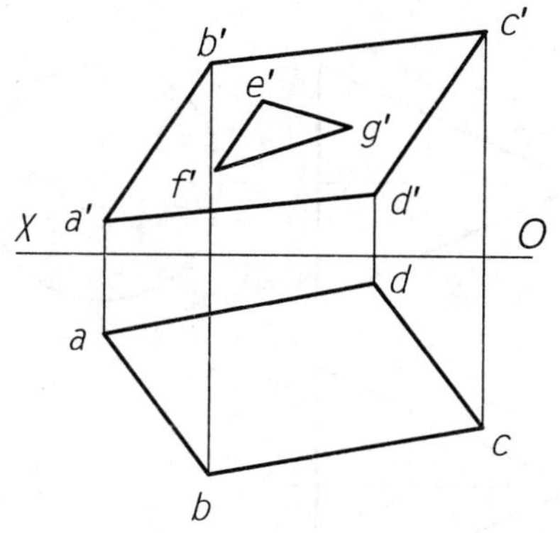

模块 3　立体的投影

任务 1　基本体的投影

求作立体表面上点的另两个投影。

(1)

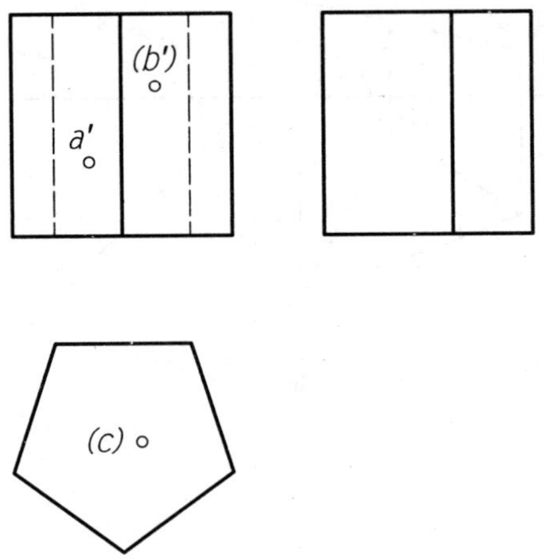

(2)

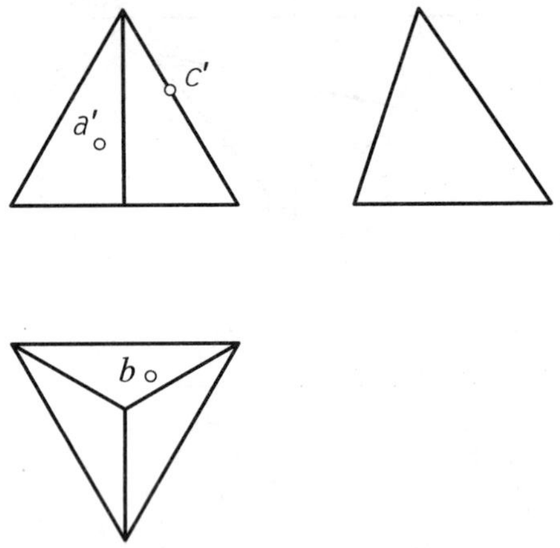

(3)

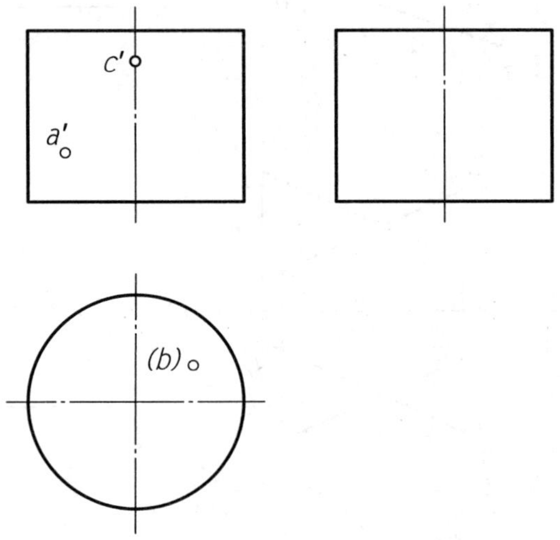

(4)

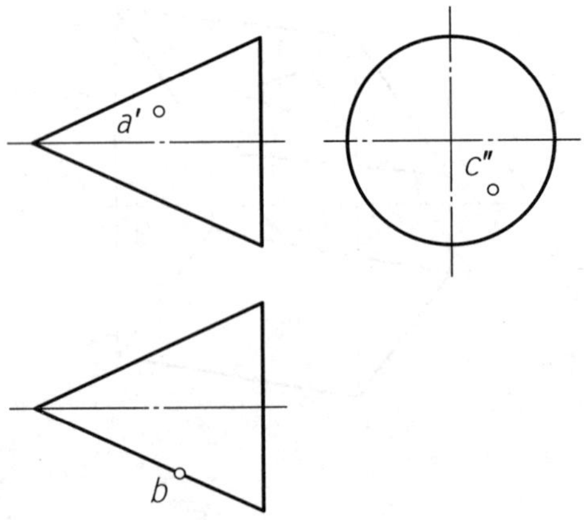

(5)

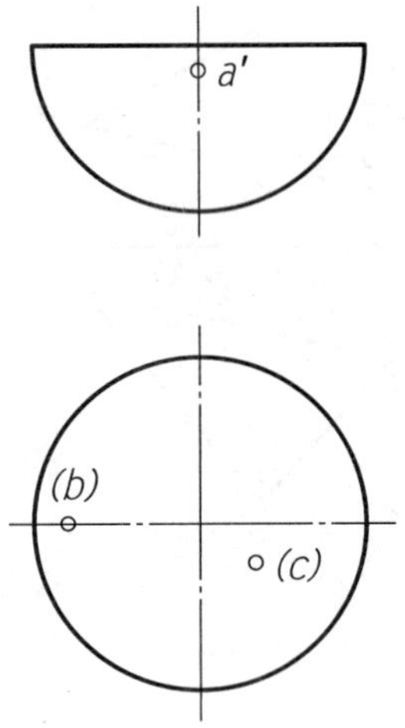

(6)

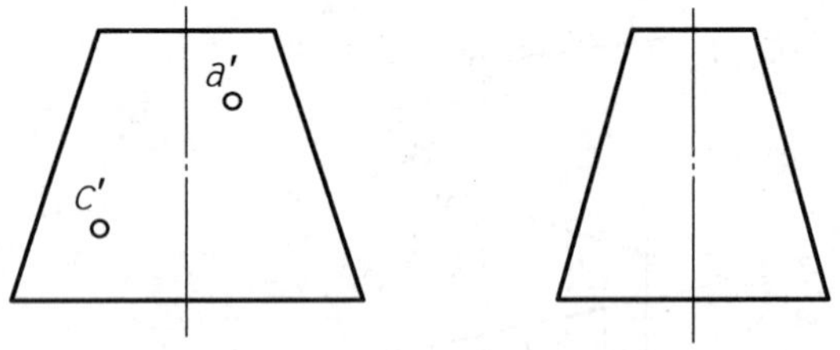

任务 2 切割体的投影

1. 求平面立体的截交线，补画切割体的第三面投影。

（1）

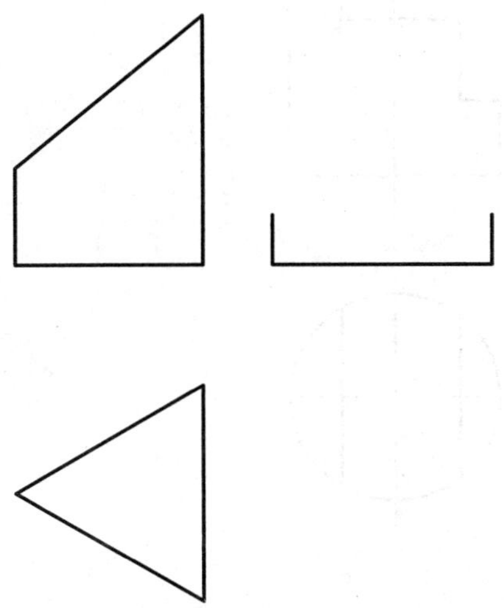

（2）

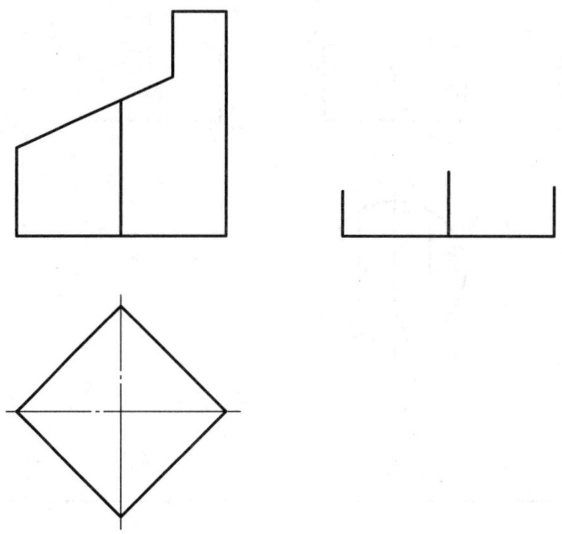

（3）

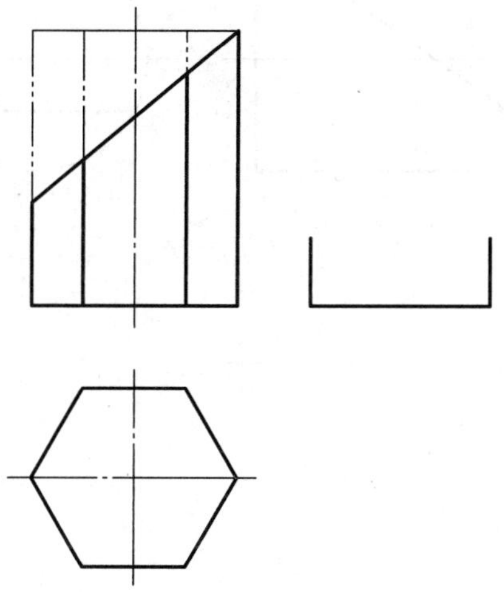

（4）

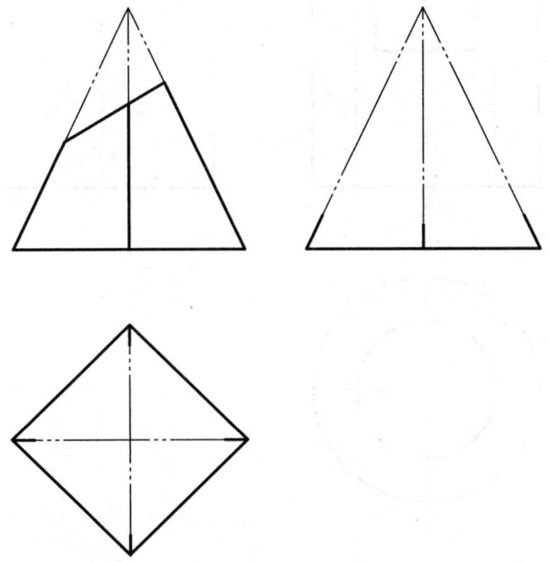

（5）

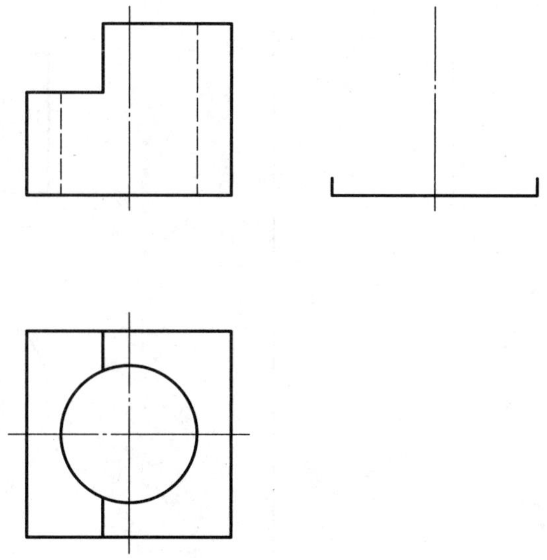

2. 已知圆柱切口的两面投影，求作第三面投影。

（1）

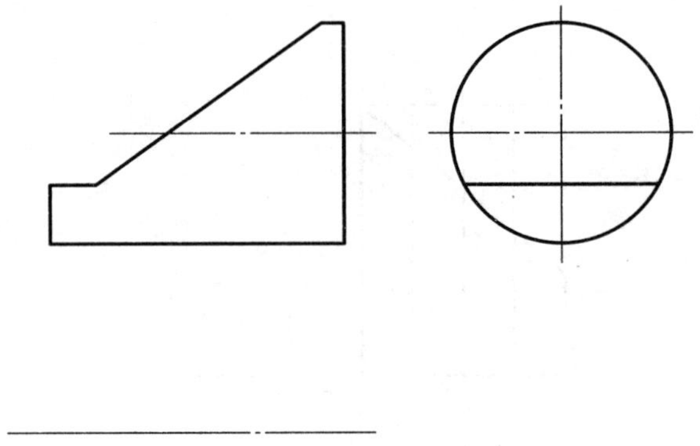

（2）

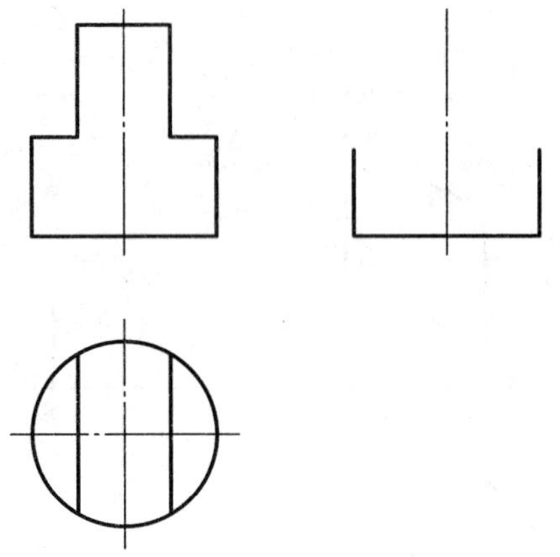

（3）

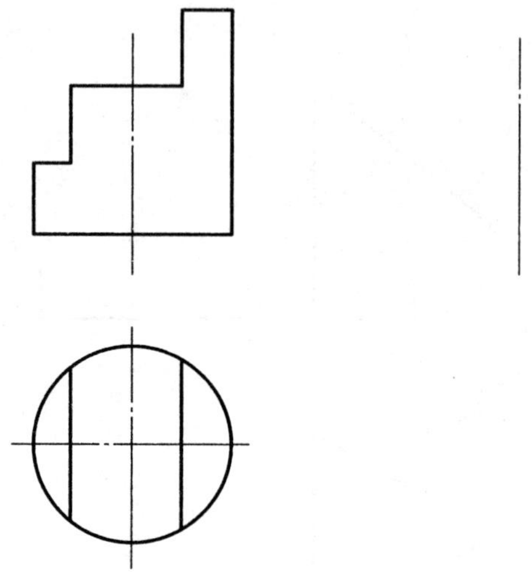

（4）

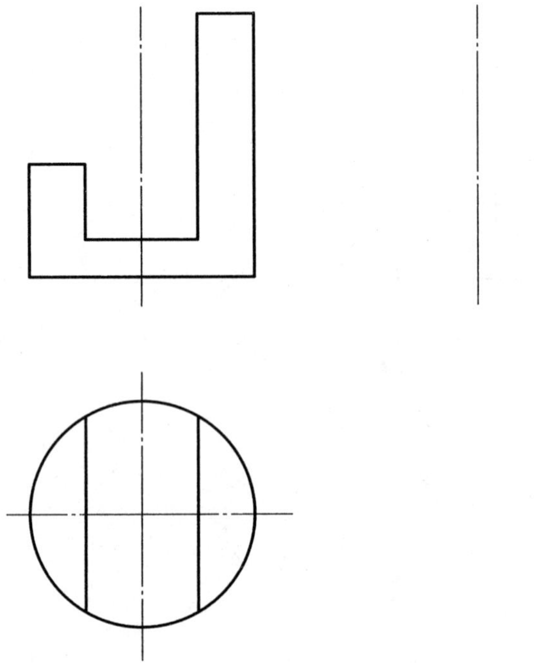

（5）

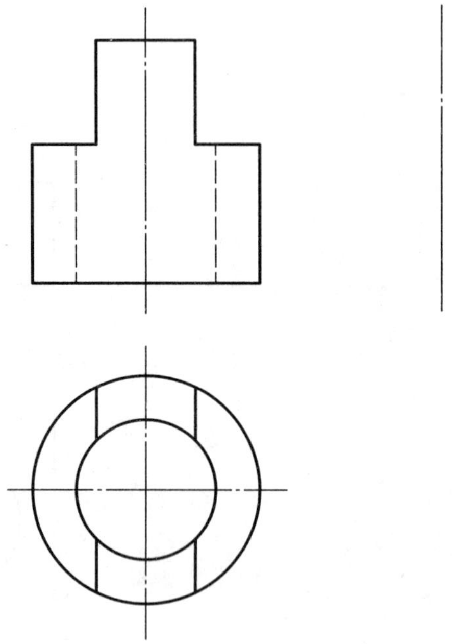

（6）

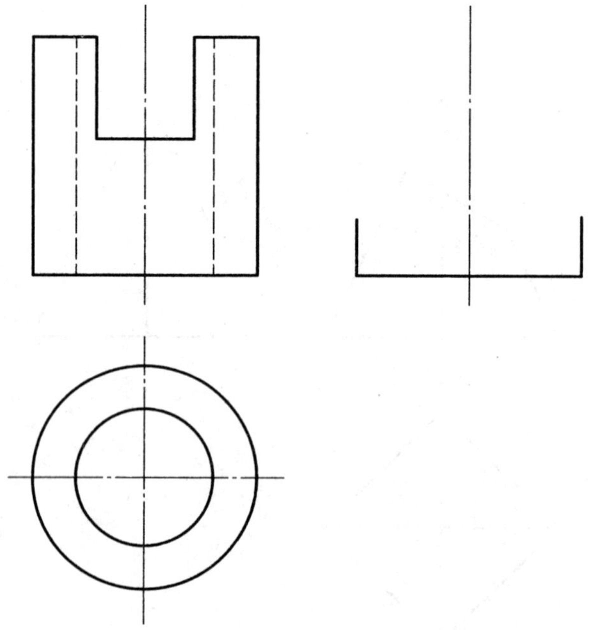

3. 完成立体切割后的三个投影。

（1）

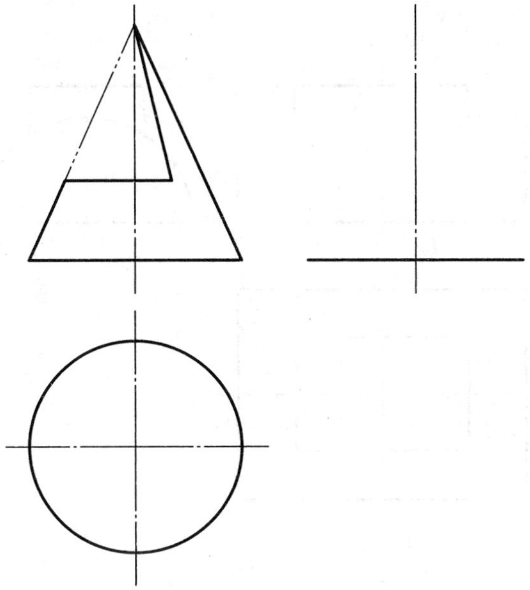

（2）

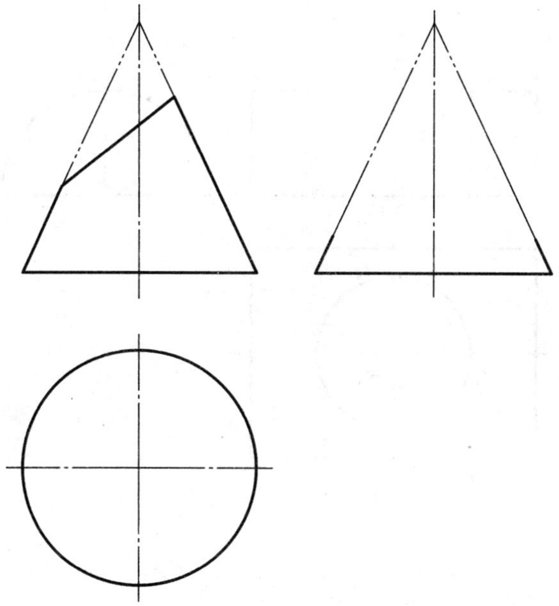

（3）

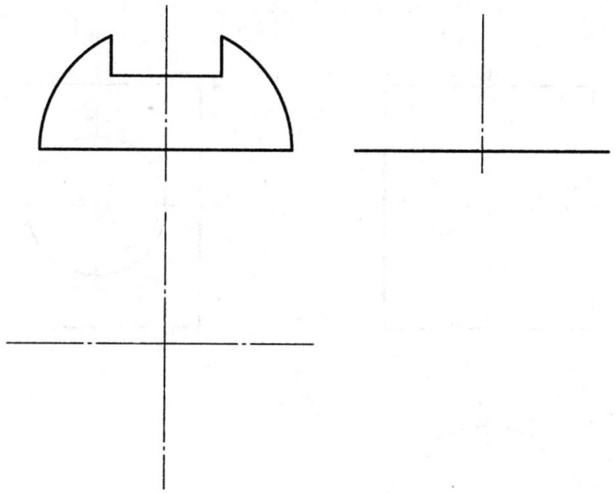

（4）

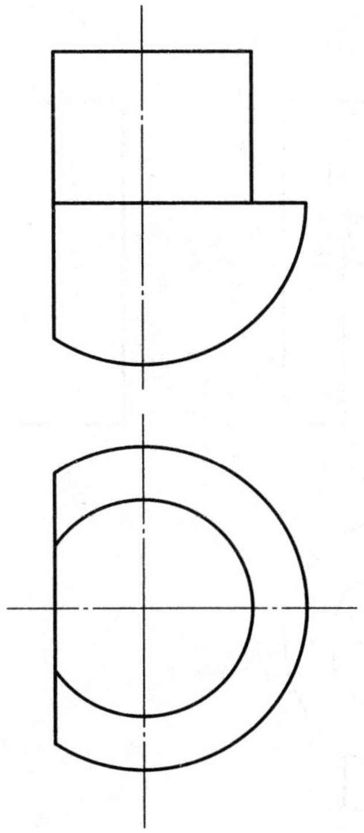

（5）

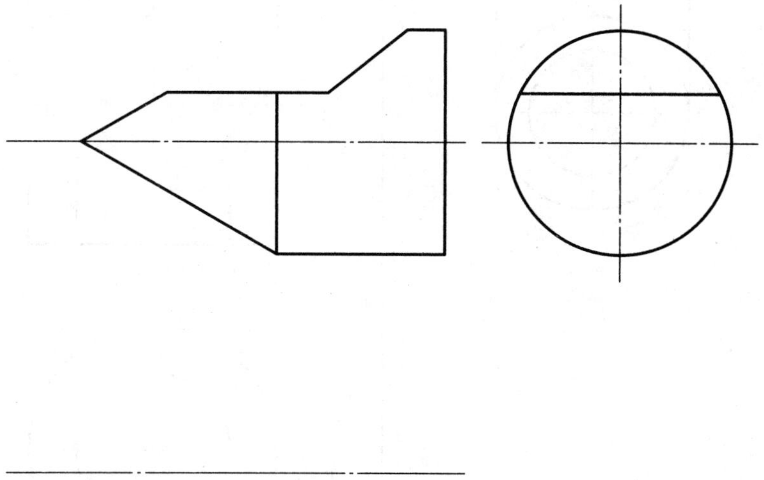

任务 3 相贯体的投影

求下列相交立体的相贯线。

（1）

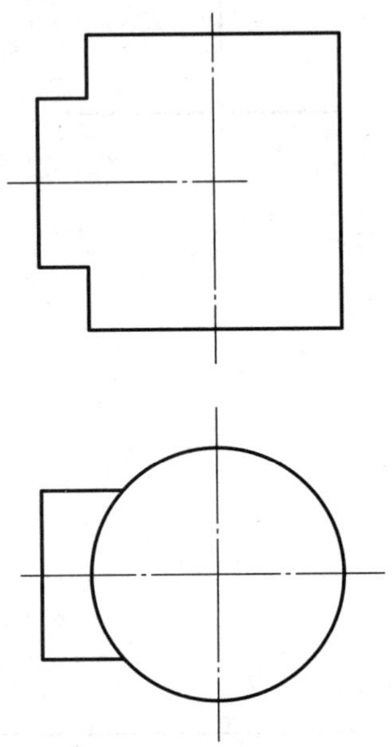

（2）

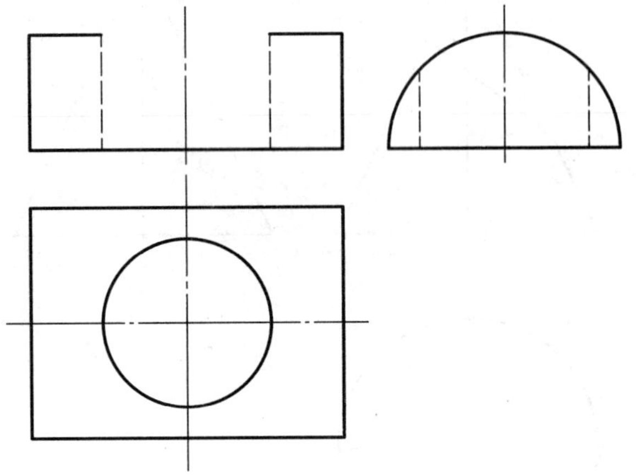

（3）

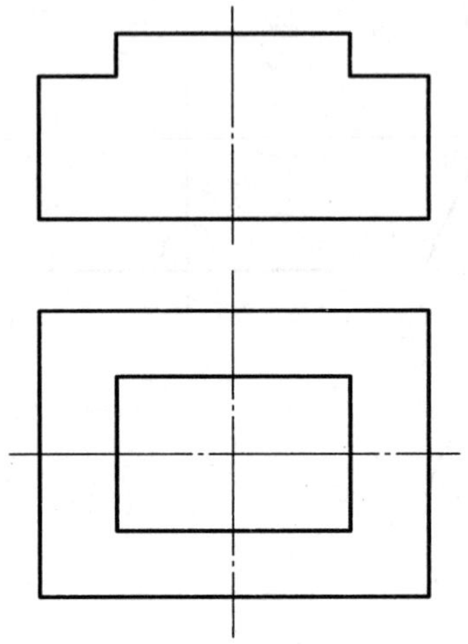

（4）

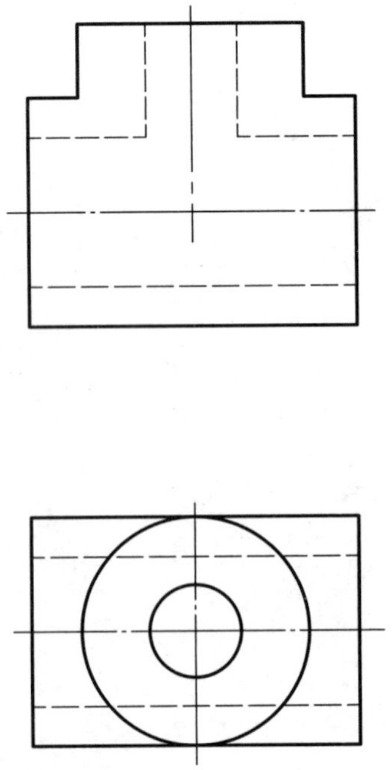

（5）

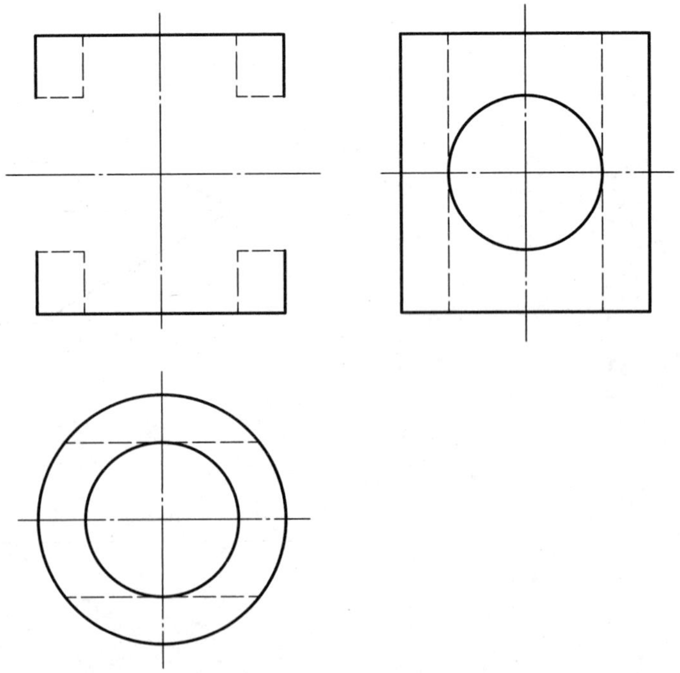

（6）

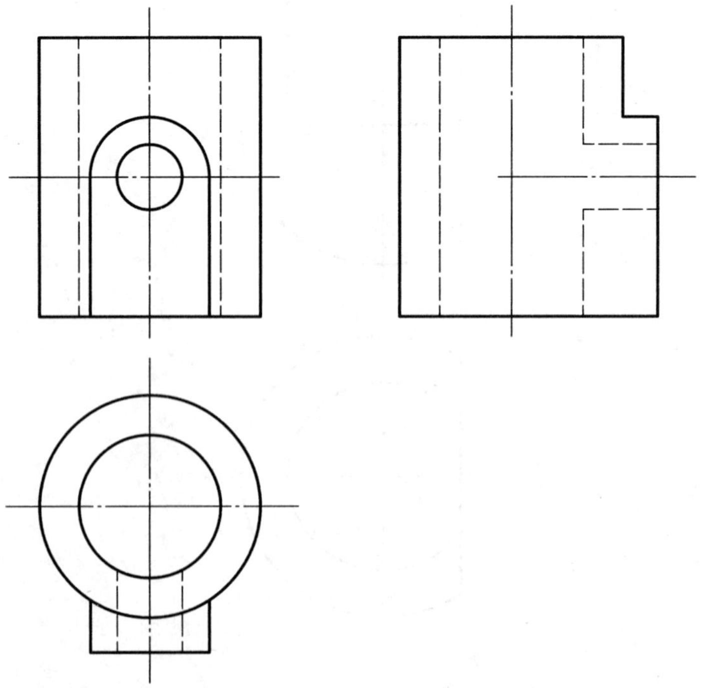

模块4　轴测图

任务1　轴测图的基本知识

画出下列立体的正等轴测图。

(1)

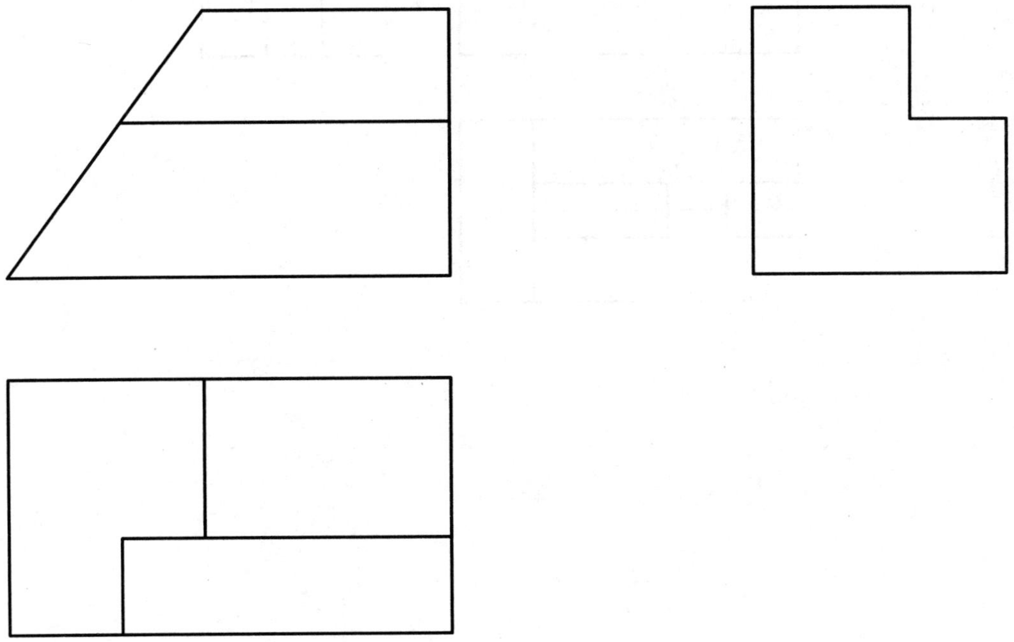

(2)

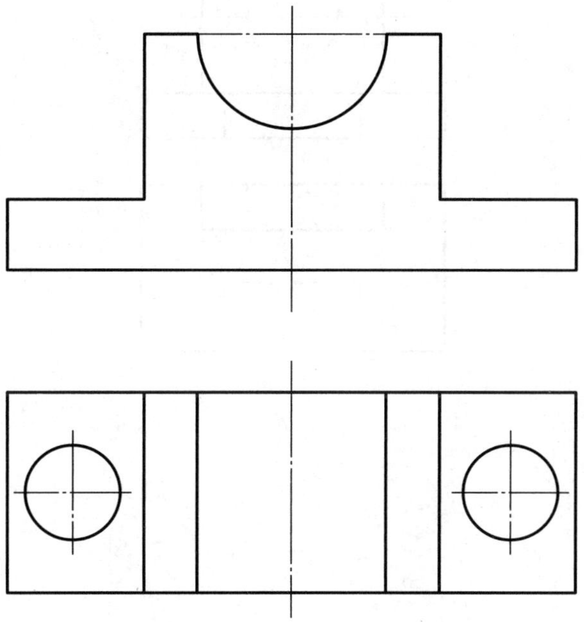

任务 2 斜二等轴测图

画出下列立体的斜二等轴测图。

（1）

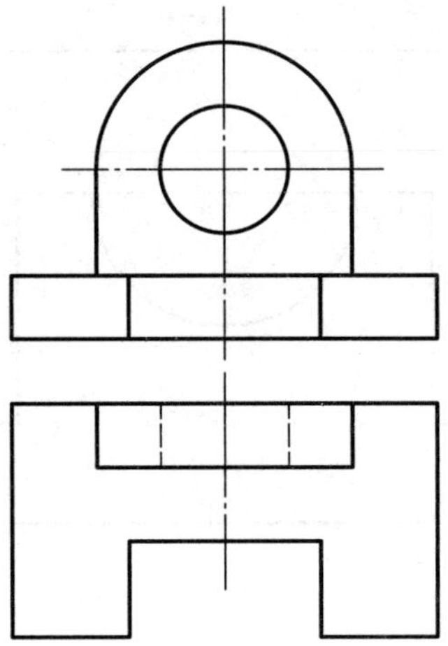

（2）

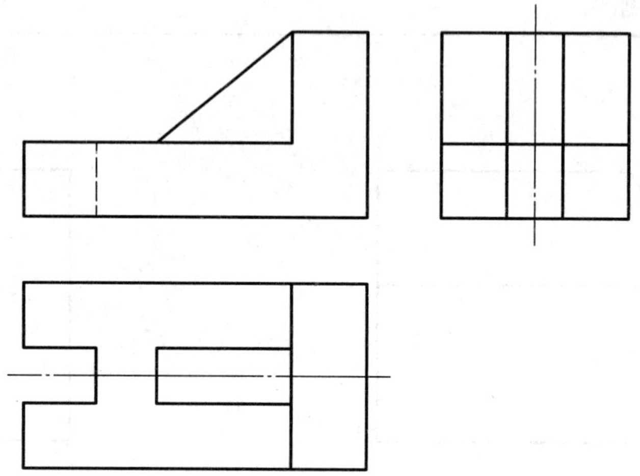

模块 5　组合体

任务 1　组合体及形体分析

1. 选择与三视图对应的立体图，并将其序号填在三视图旁。

1

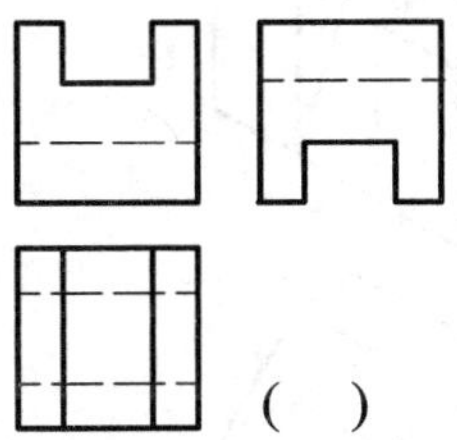

(　)

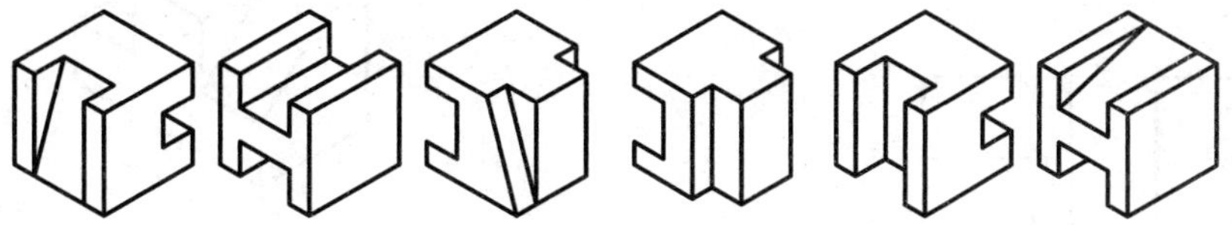

(1)　(2)　(3)　(4)　(5)　(6)

2

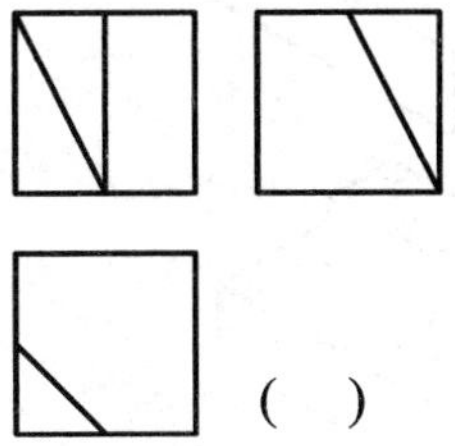

(　)

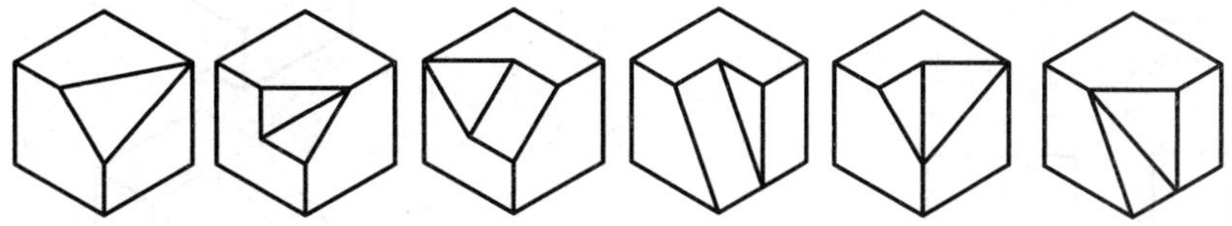

(1)　(2)　(3)　(4)　(5)　(6)

3

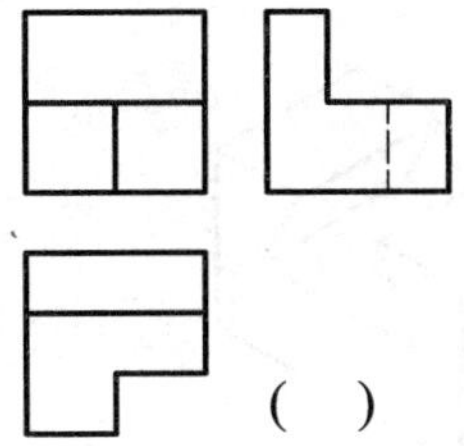

(　)

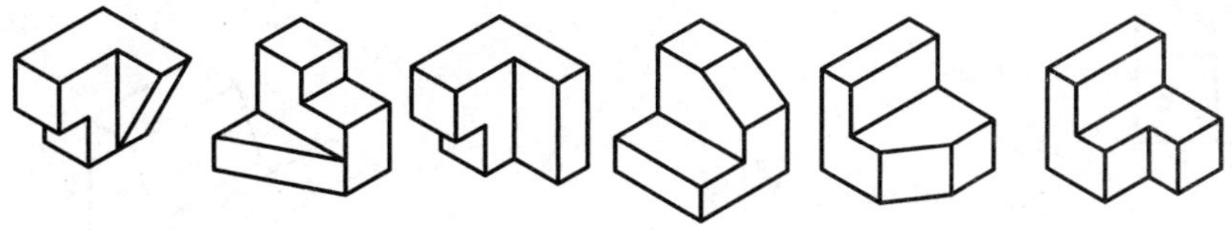

(1)　(2)　(3)　(4)　(5)　(6)

2. 已知主、俯两视图，找出正确的立体图，将其序号填在对应的括号中。

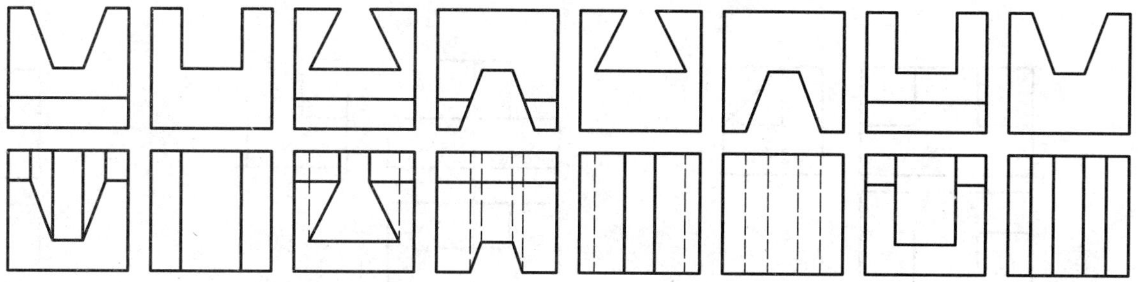

(　)　(　)　(　)　(　)　(　)　(　)　(　)　(　)

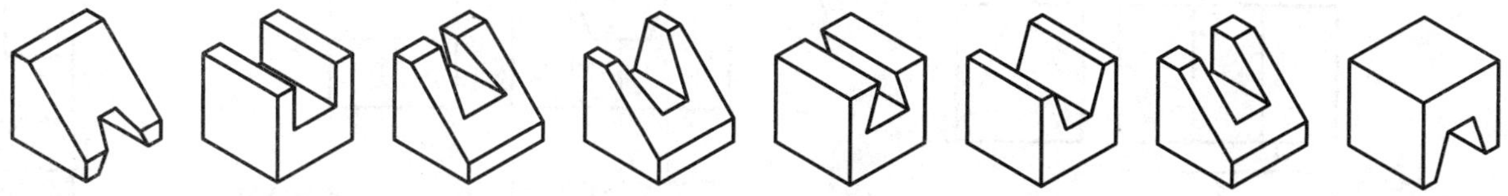

(1)　(2)　(3)　(4)　(5)　(6)　(7)　(8)

3. 选择与两视图对应的立体图，并将其序号填在视图下方。

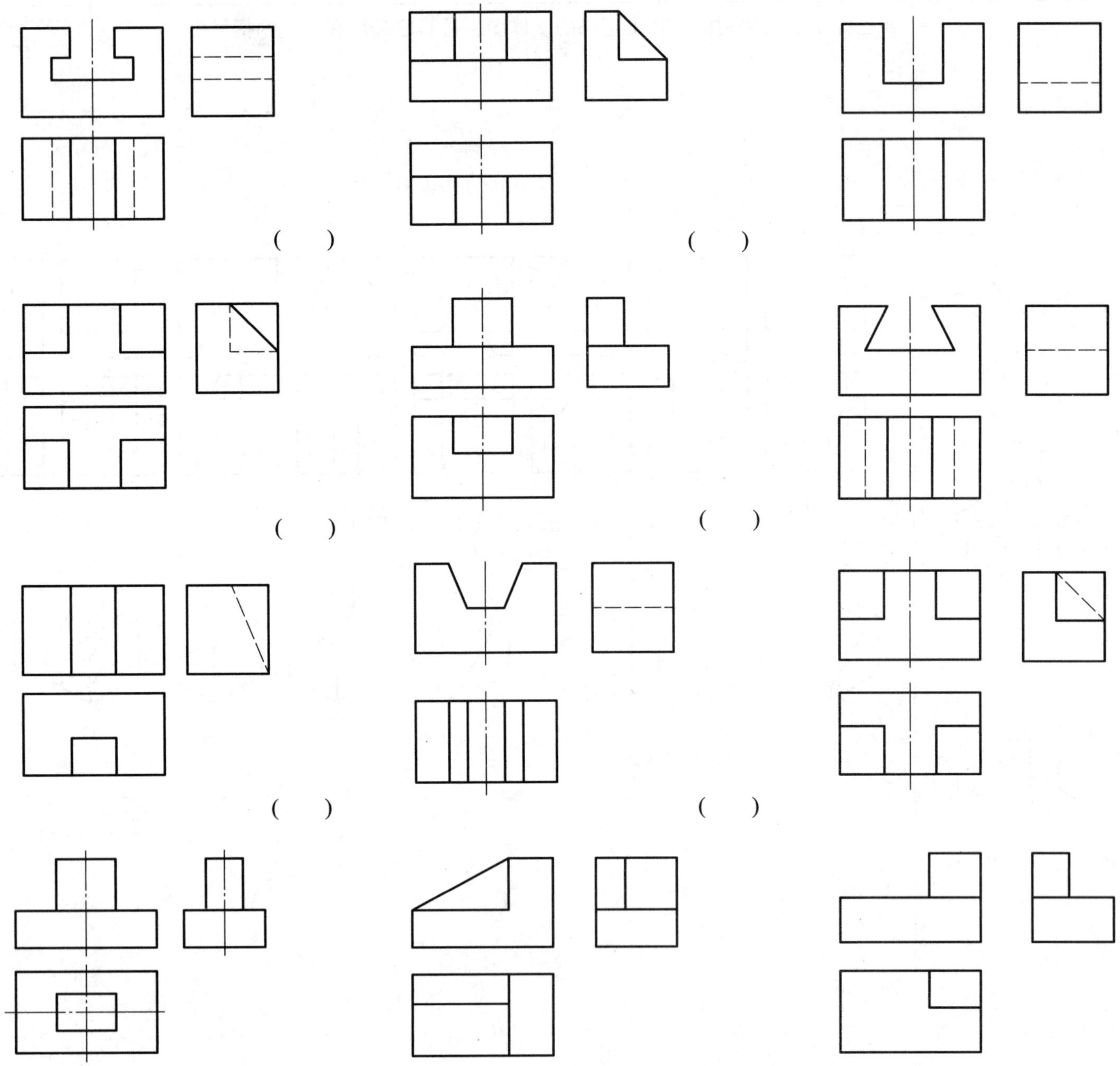

( ) ( ) ( )

( ) ( ) ( )

( ) ( ) ( )

( ) ( ) ( )

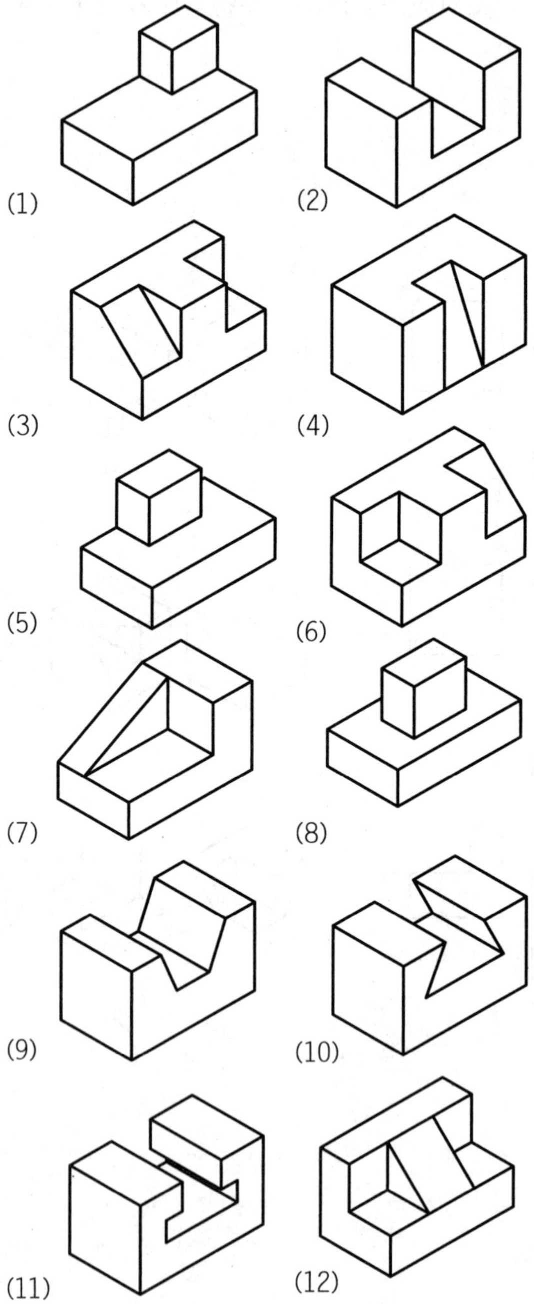

4. 分析组合体表面交线，并补全主视图缺漏的图线。

（1）

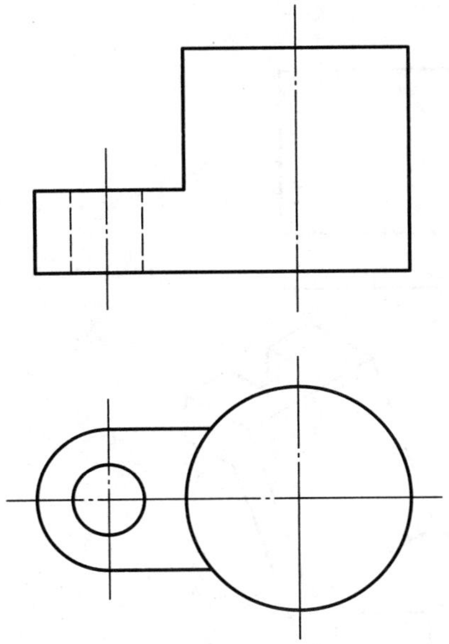

（2）

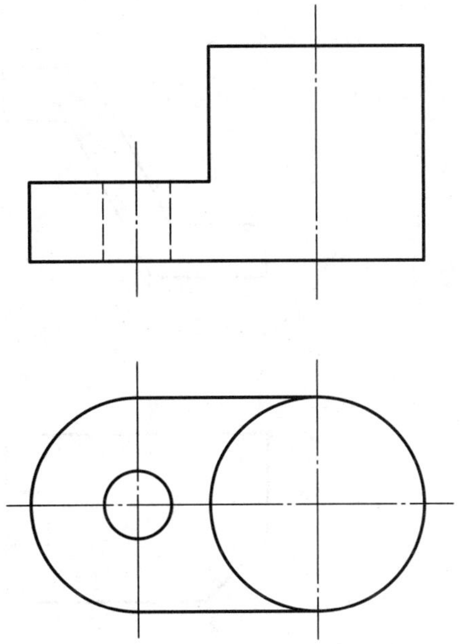

（3）

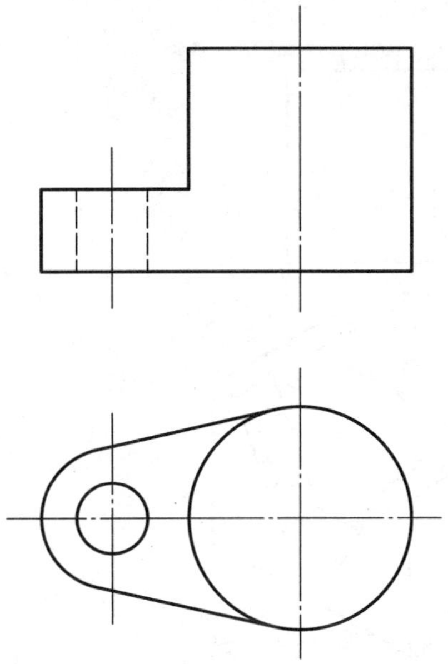

（4）

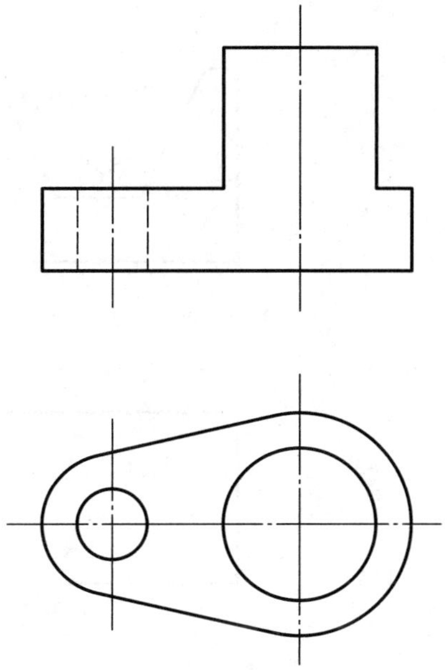

（5）

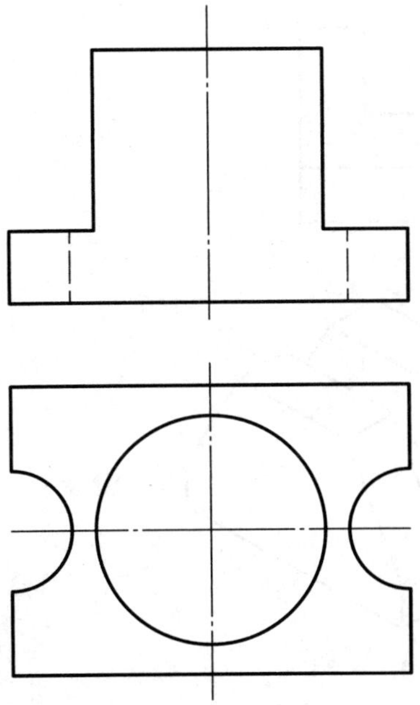

（6）

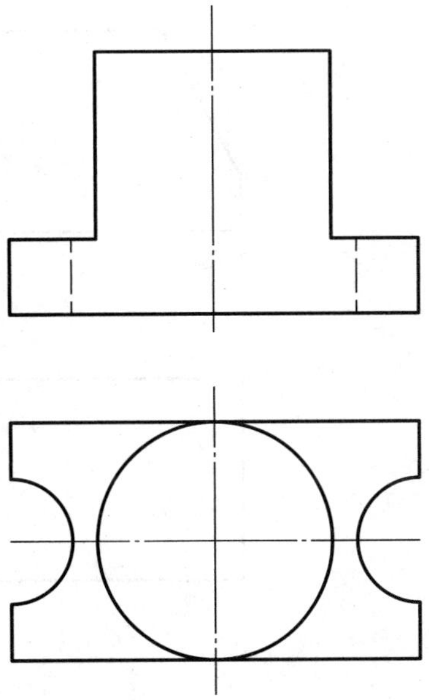

（7）

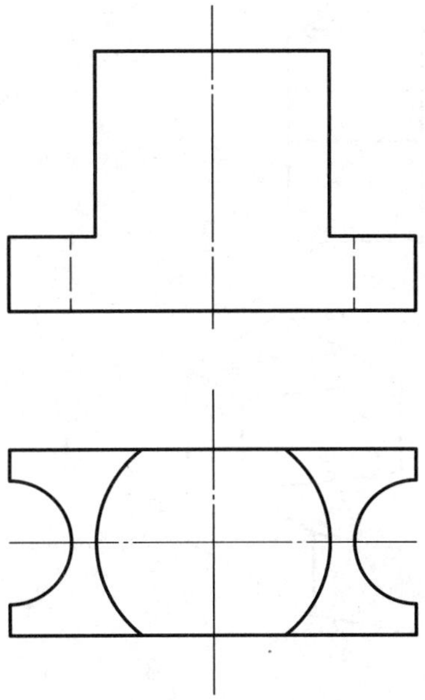

（8）

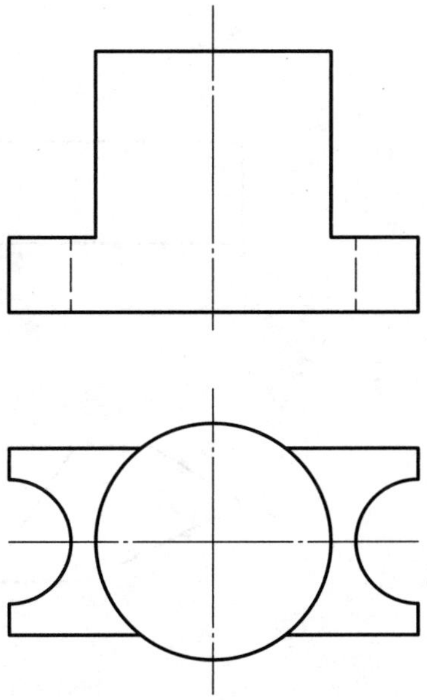

5. 根据立体图，补画组合体视图中缺漏的图线。

（1）

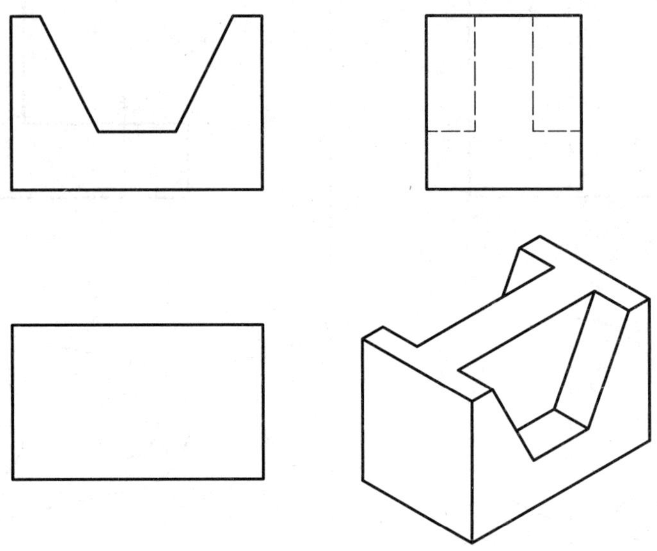

（2）

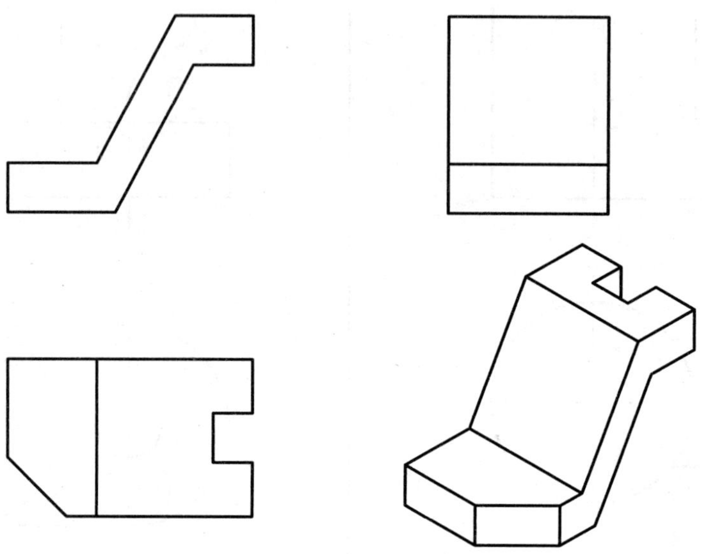

（3）

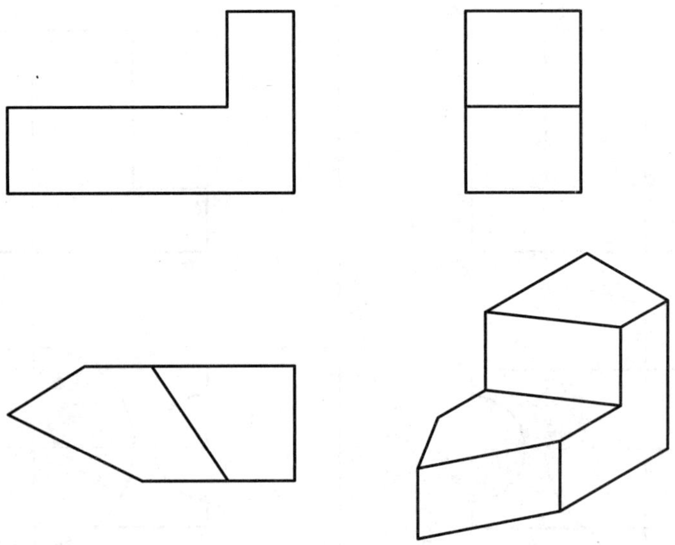

（4）

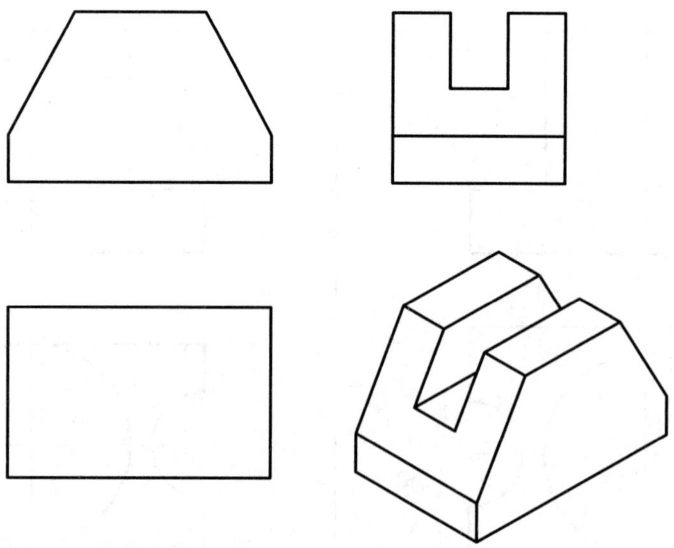

任务 2　识读组合体视图

1. 识读三视图，补齐视图中缺漏的图线。

（1）

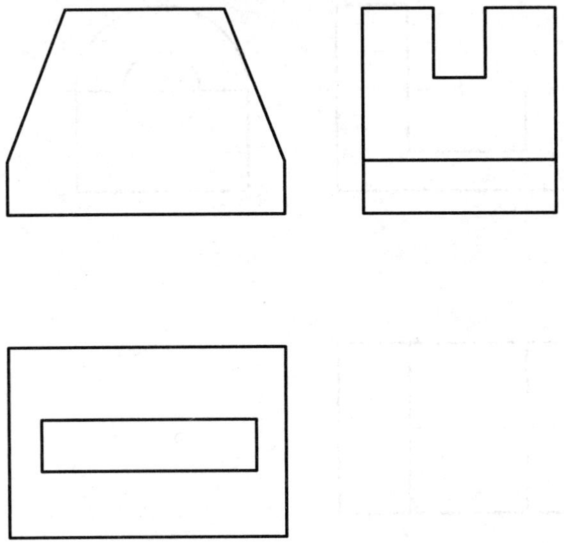

（2）

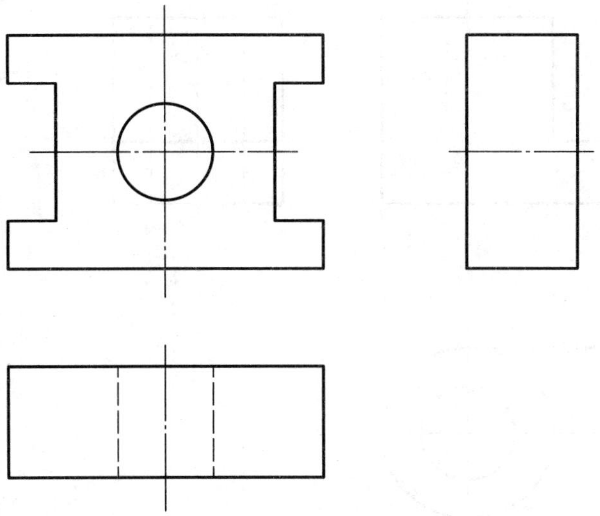

（3）

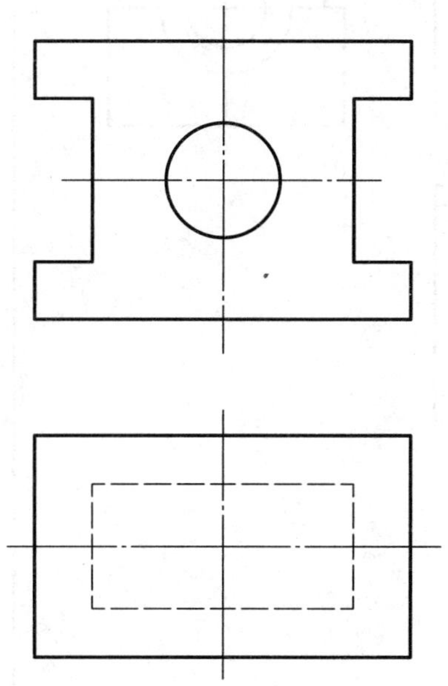

（4）

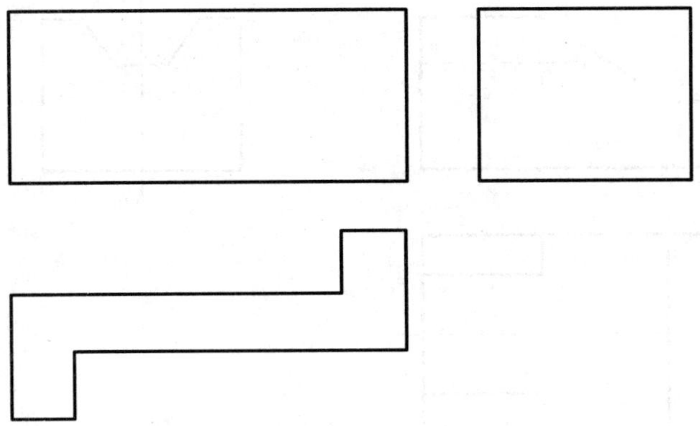

（5）

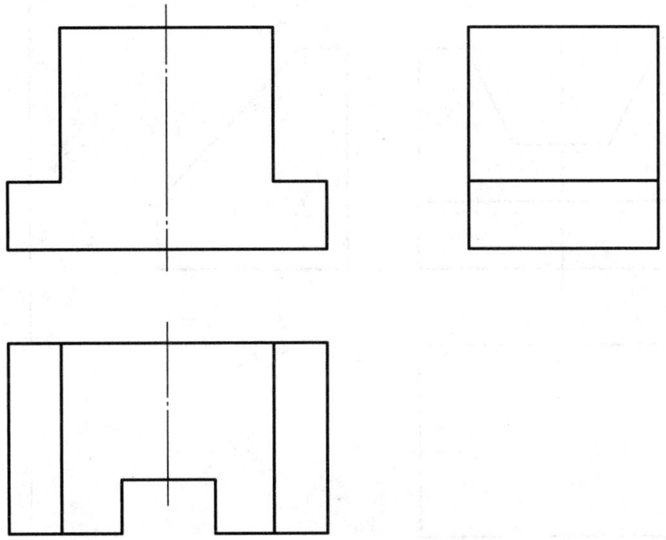

（6）

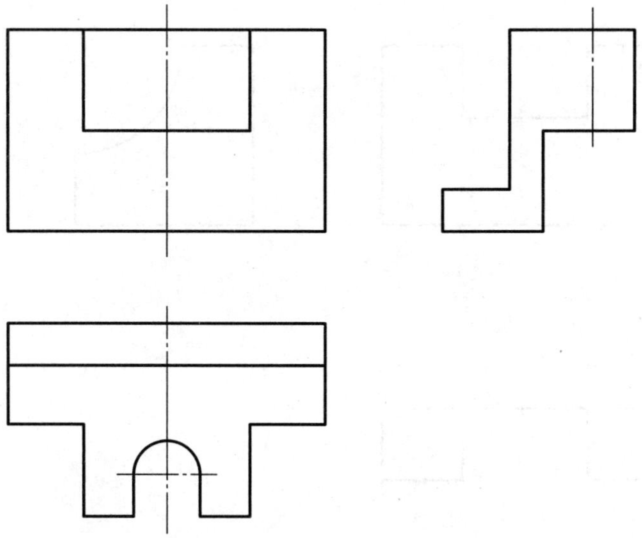

（7）

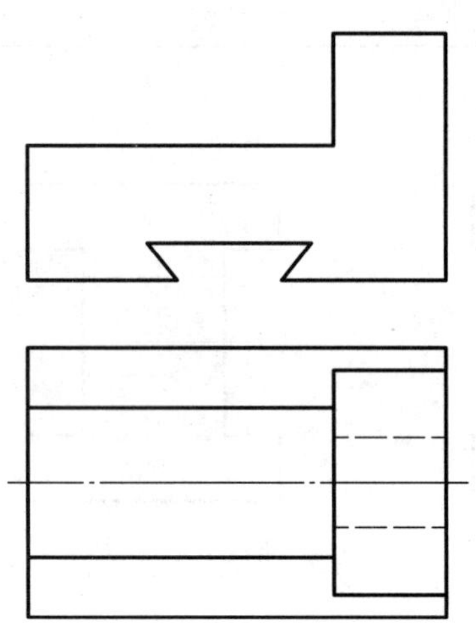

（8）

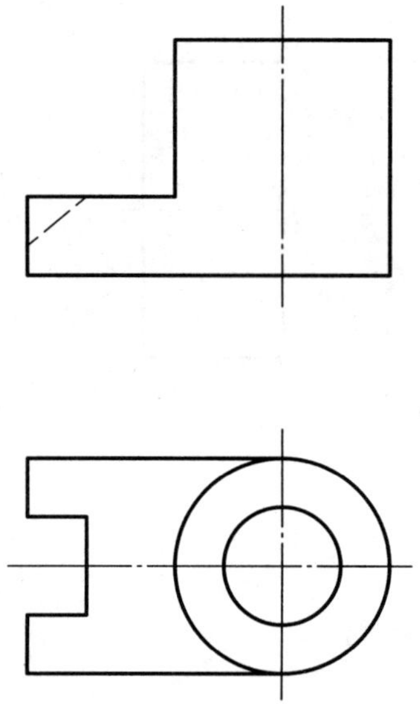

（9）

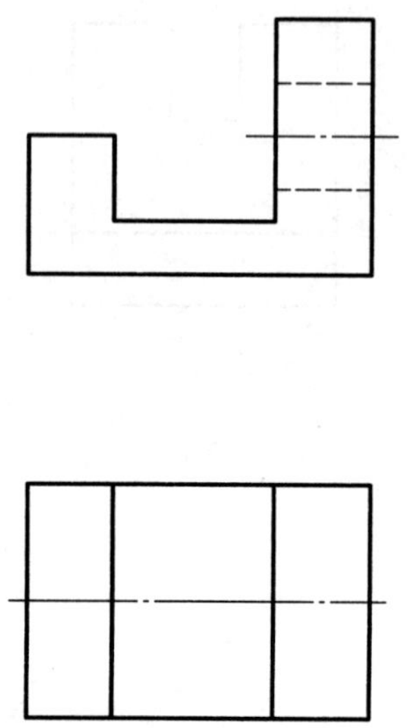

（10）

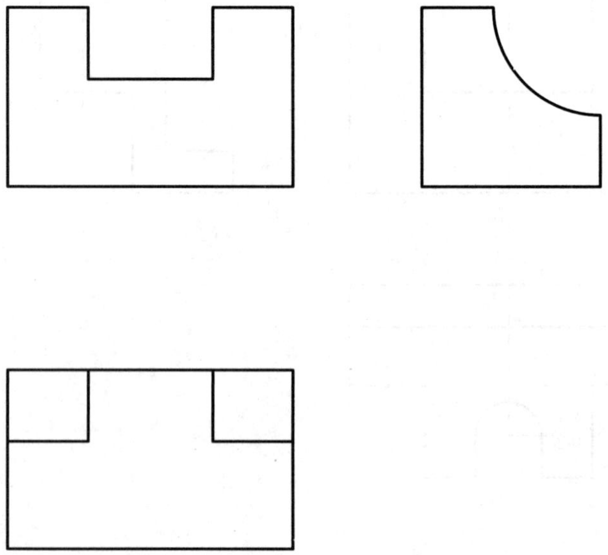

（11）

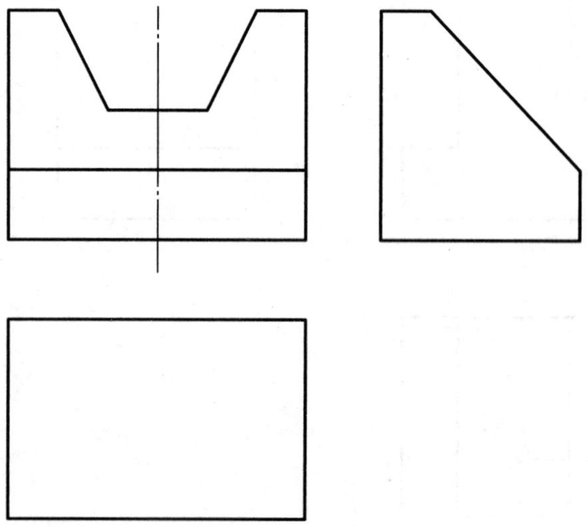

（12）

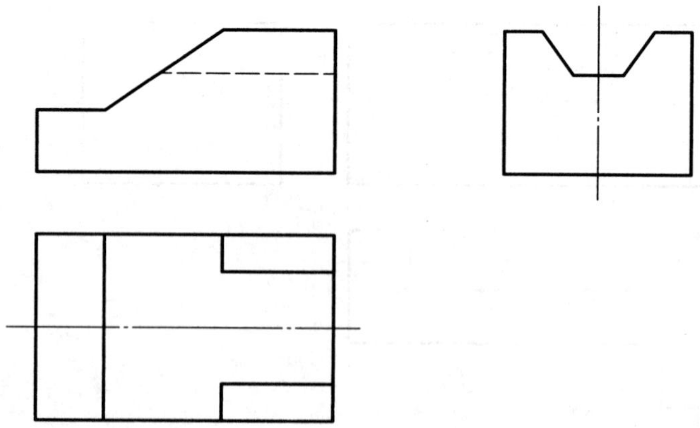

(13)

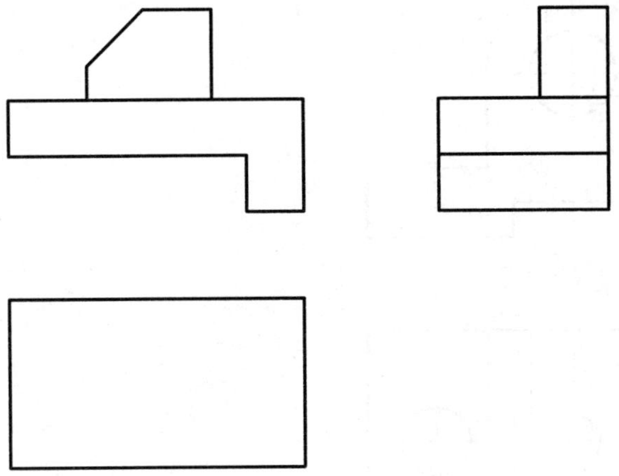

(14)

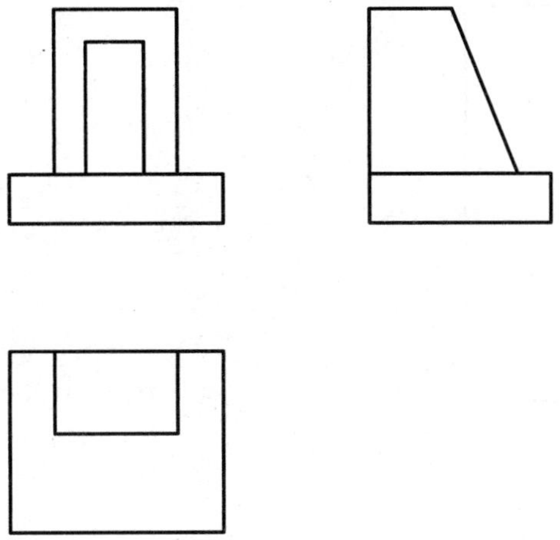

(15)

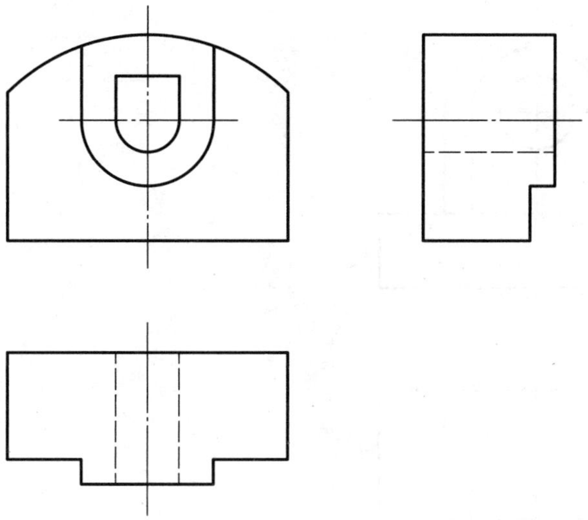

(16)

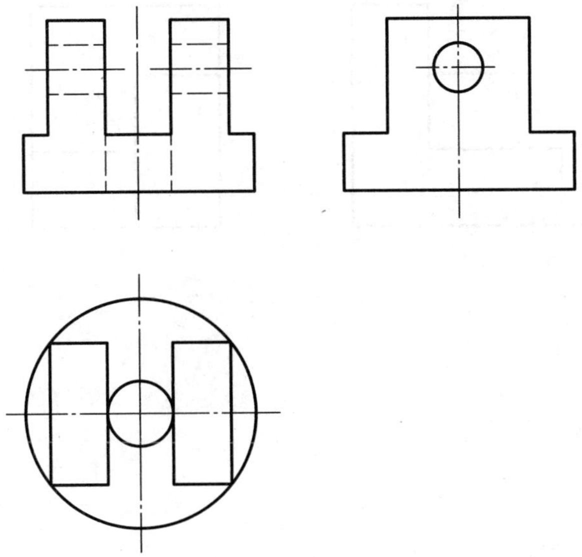

(17)

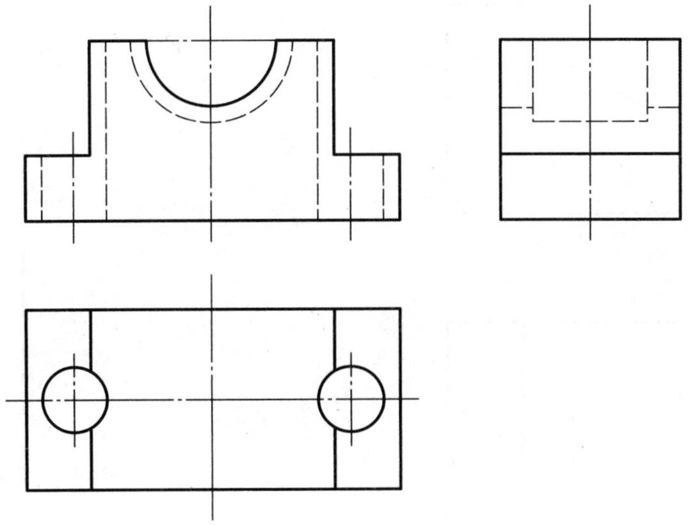

(18)

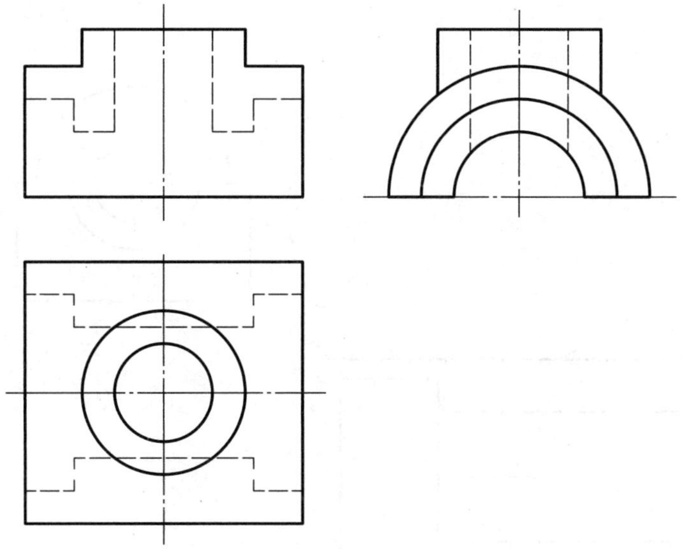

2. 根据组合体的两个视图补画第三视图。

(1)

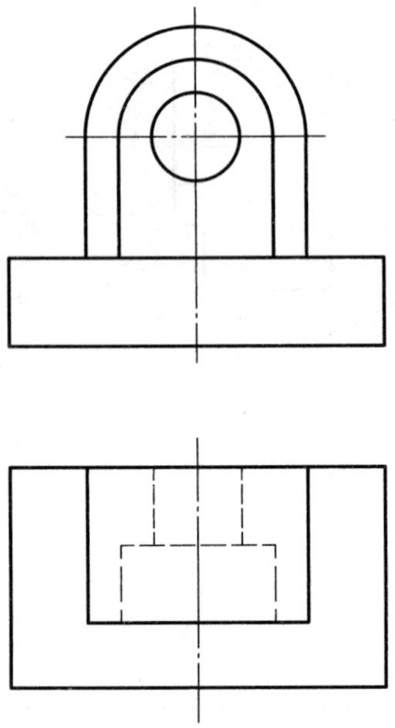

(2)

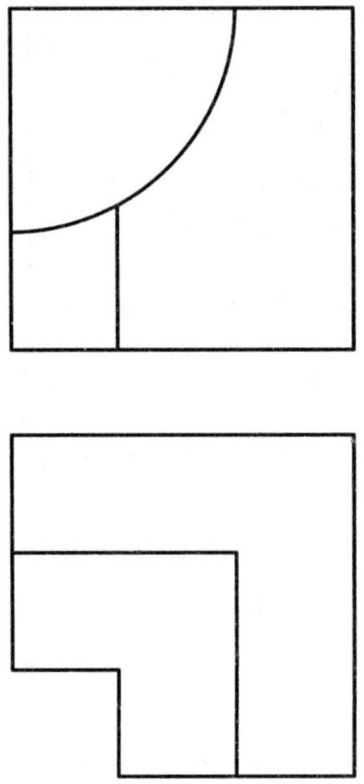

(3)

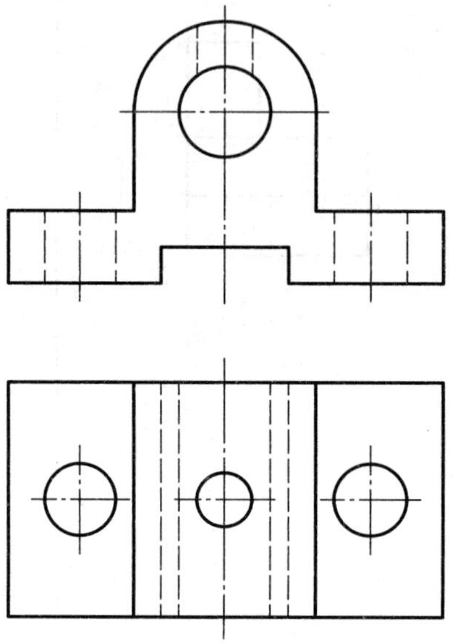

(4)

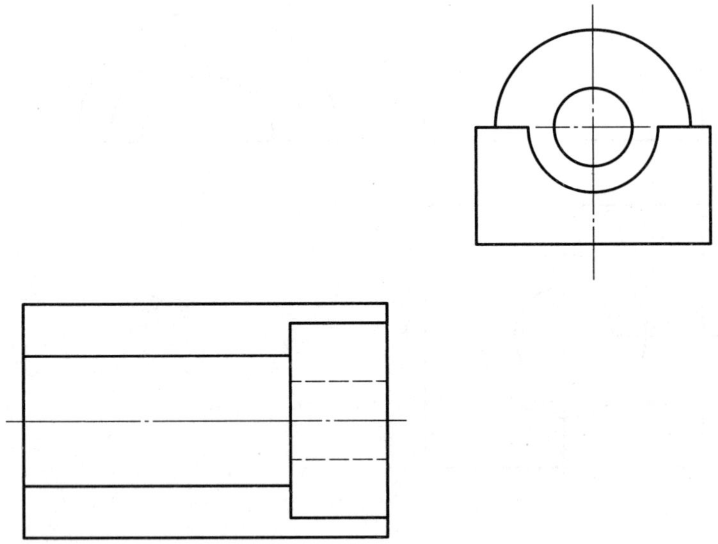

(5)

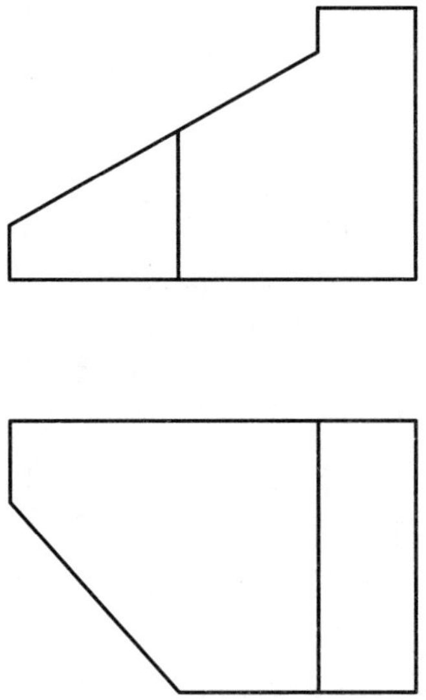

(6)

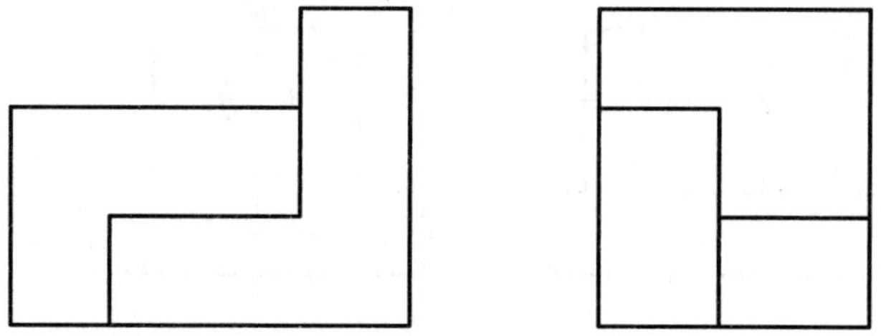

（7）

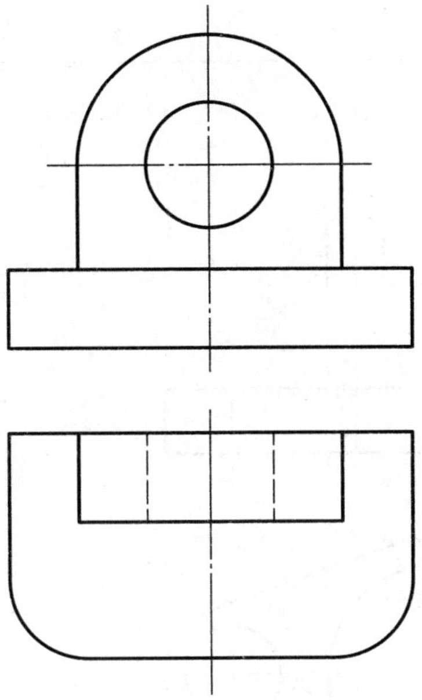

（8）

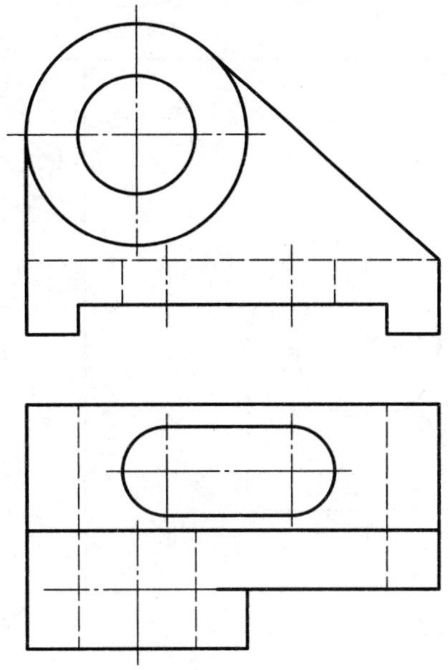

（9）

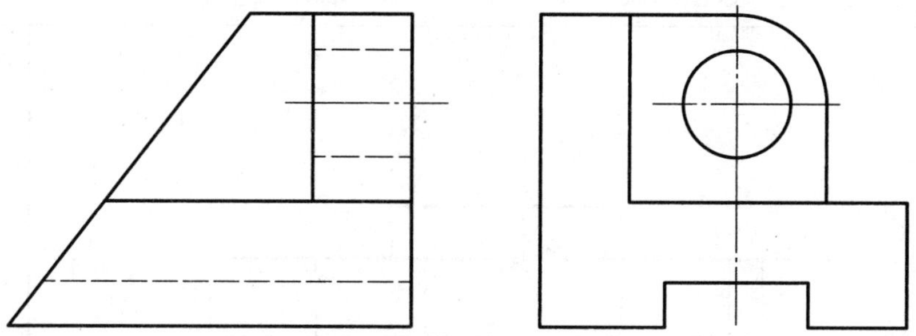

（10）

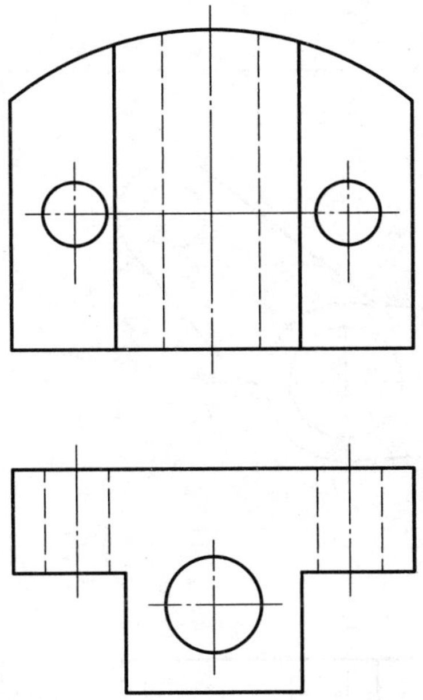

（11）

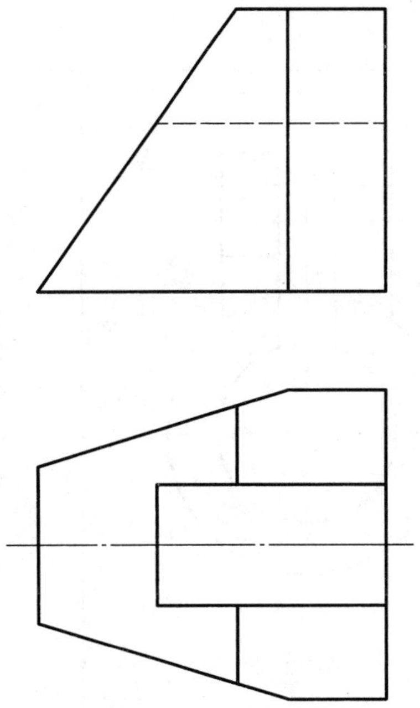

（12）

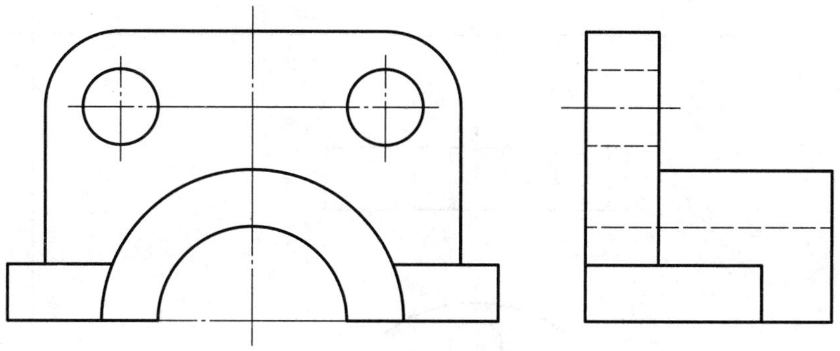

任务 3 组合体三视图的尺寸标注

组合体尺寸标注（数值从图中按 1 : 1 的比例量取，取整数）。

（1）

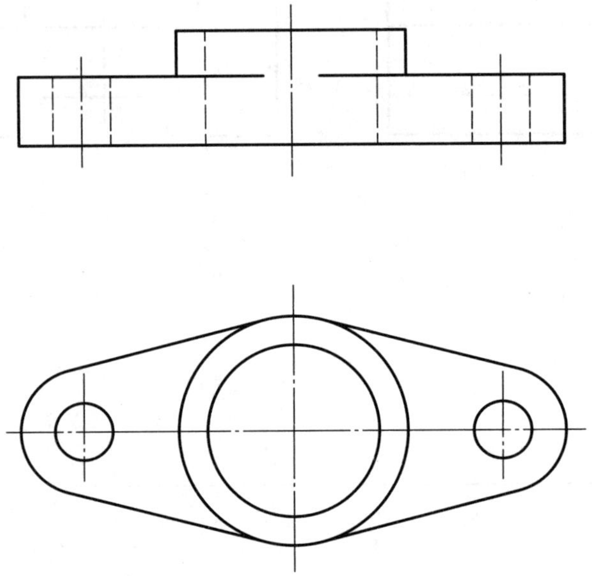

（2）

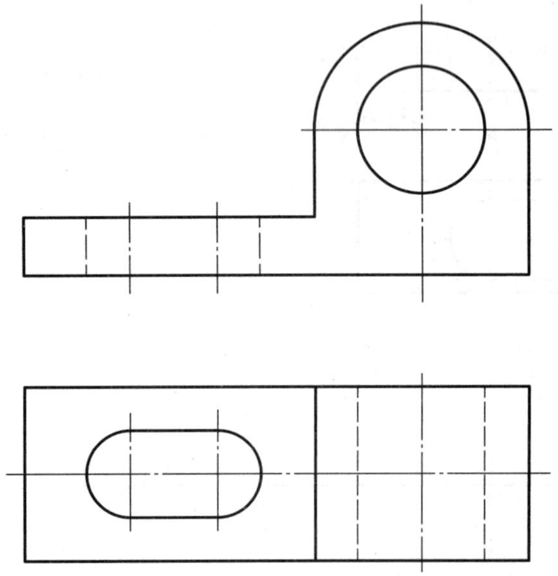

（3）

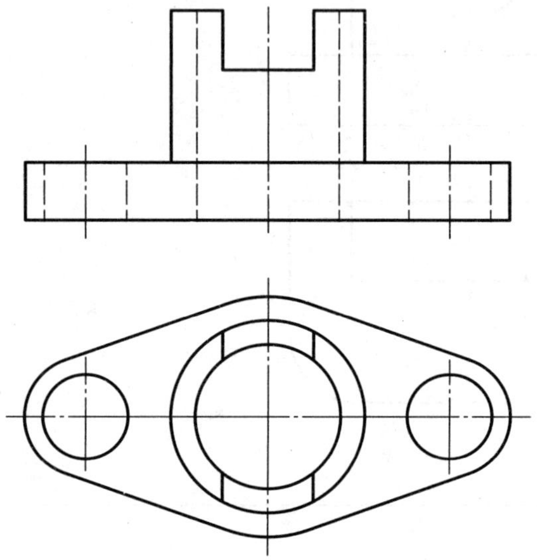

（4）

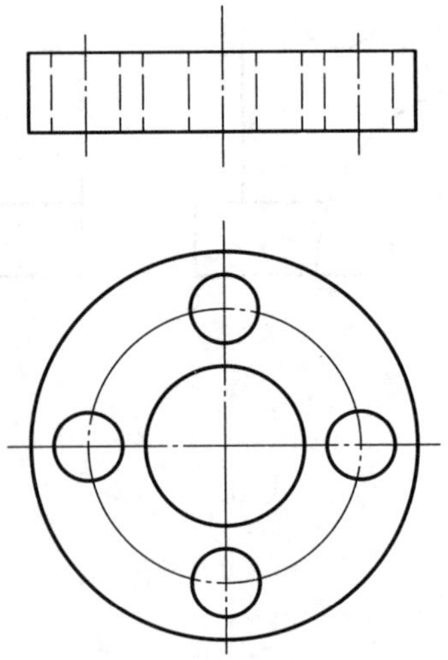

（5）

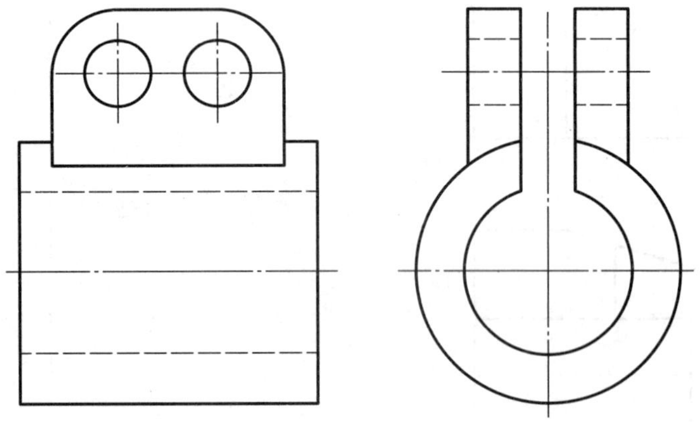

（6）

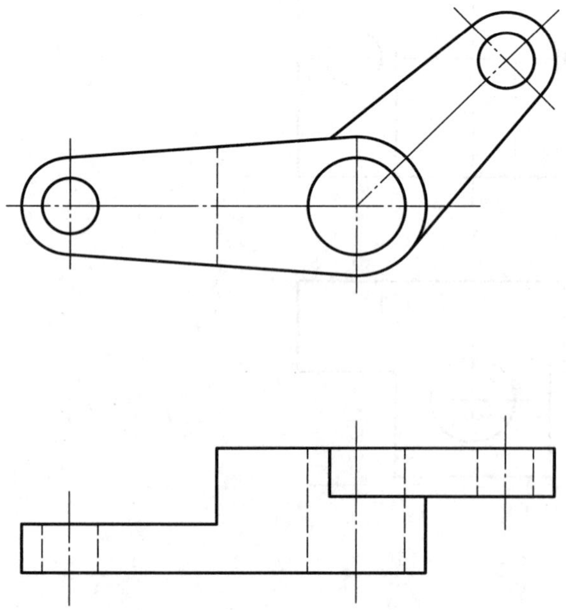

模块 6　机件的表达方法

任务 1　视图

1. 画出机件的其他基本视图。

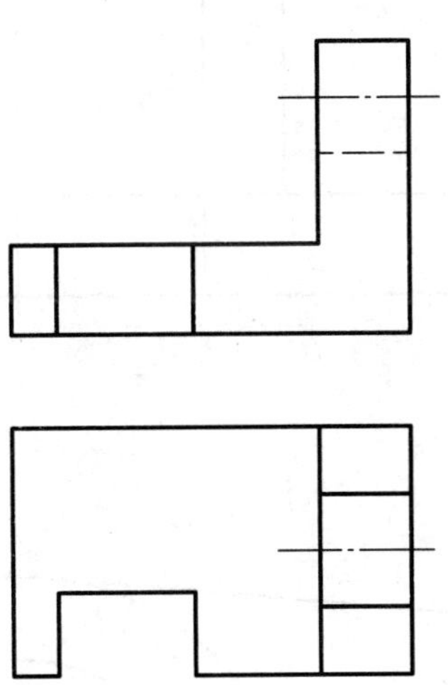

2. 根据主、俯视图和轴测图画出 *A*、*B*、*C* 向视图。

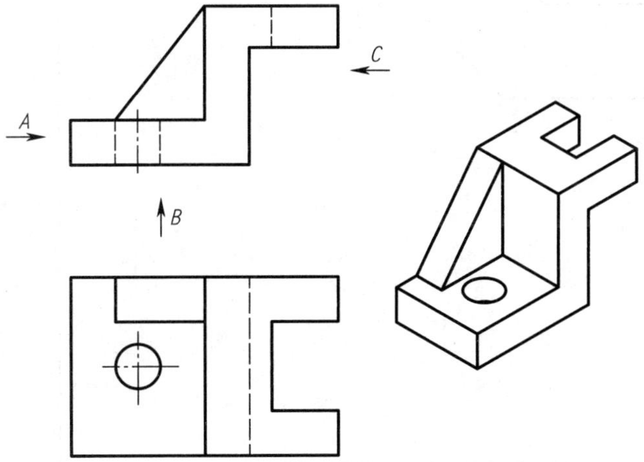

3. 根据主、俯视图画出 *A* 向斜视图。

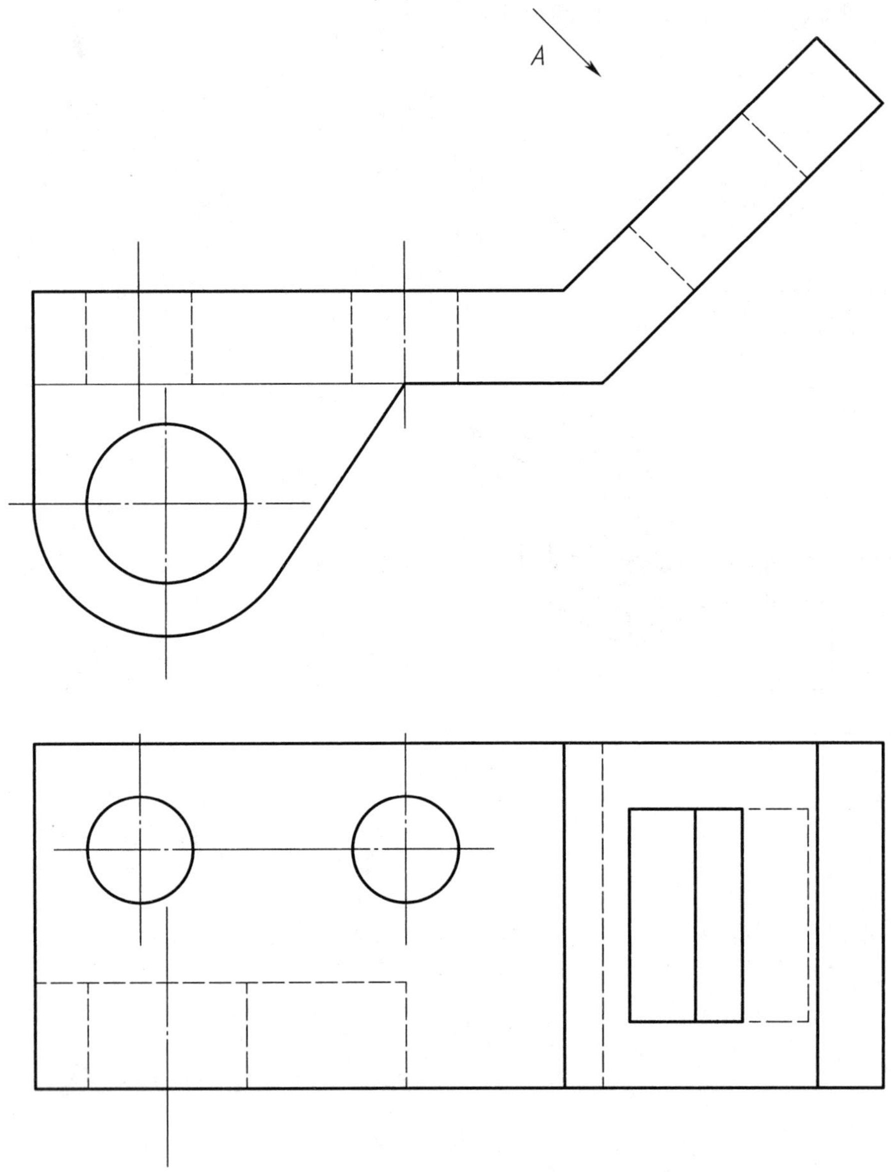

4. 根据主、俯视图画出 *A* 向斜视图和 *B* 向局部视图。

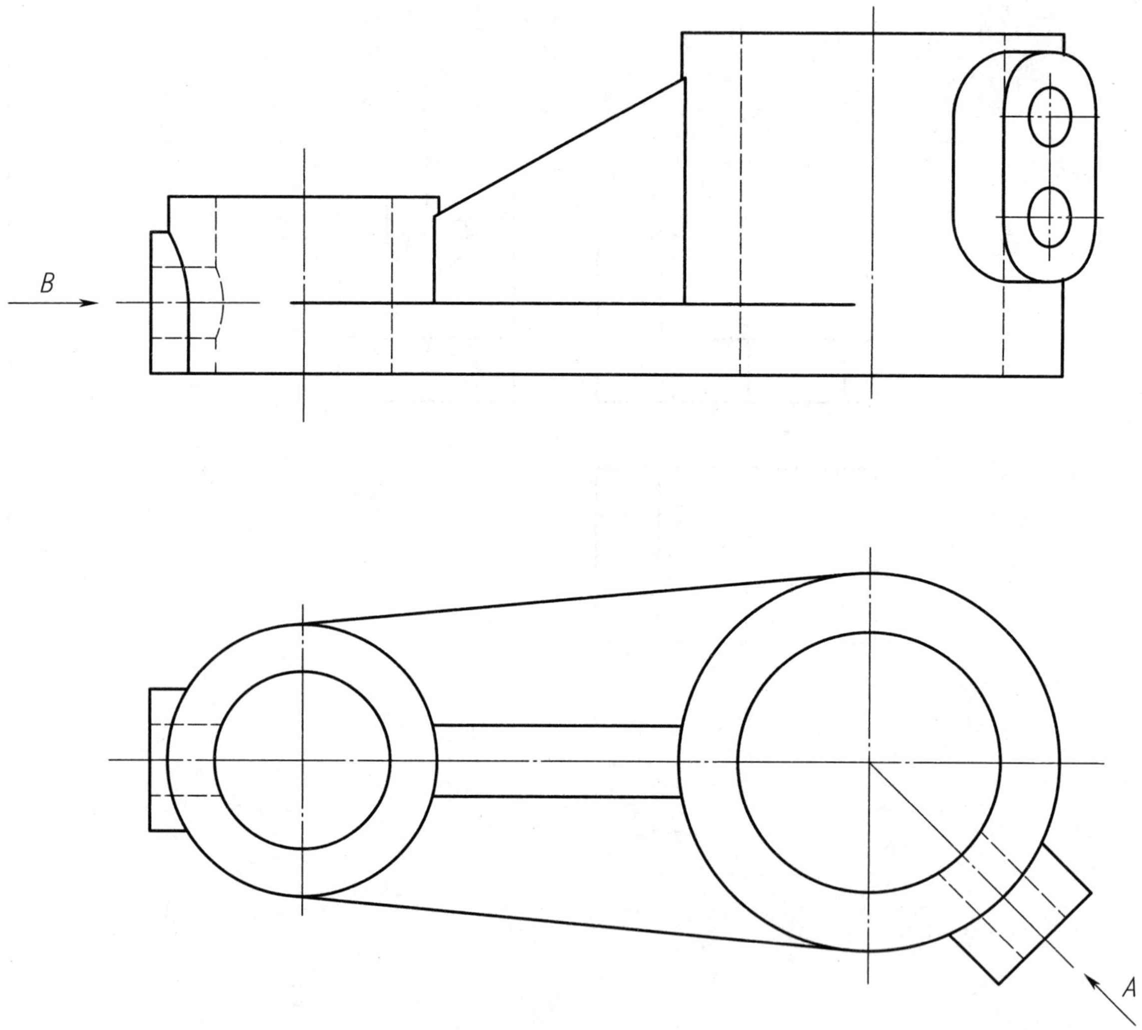

任务 2　剖视图

1. 补画剖视图中缺漏的图线。

（1）

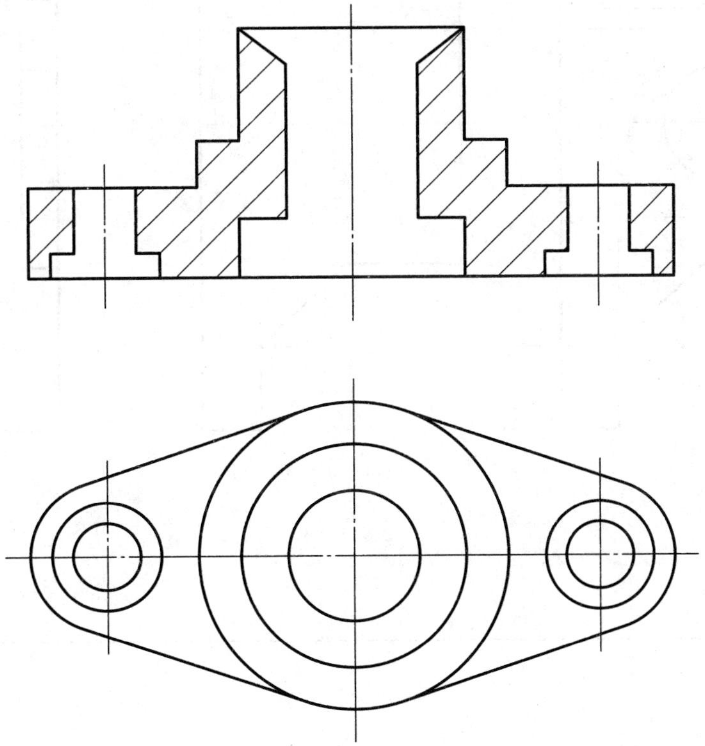

（2）

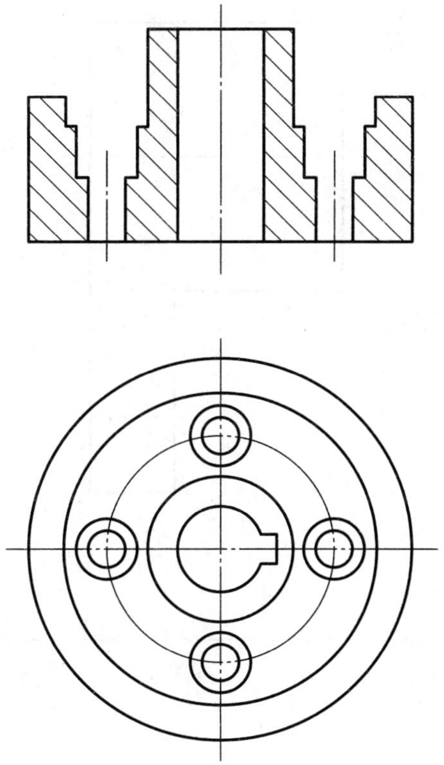

（3）

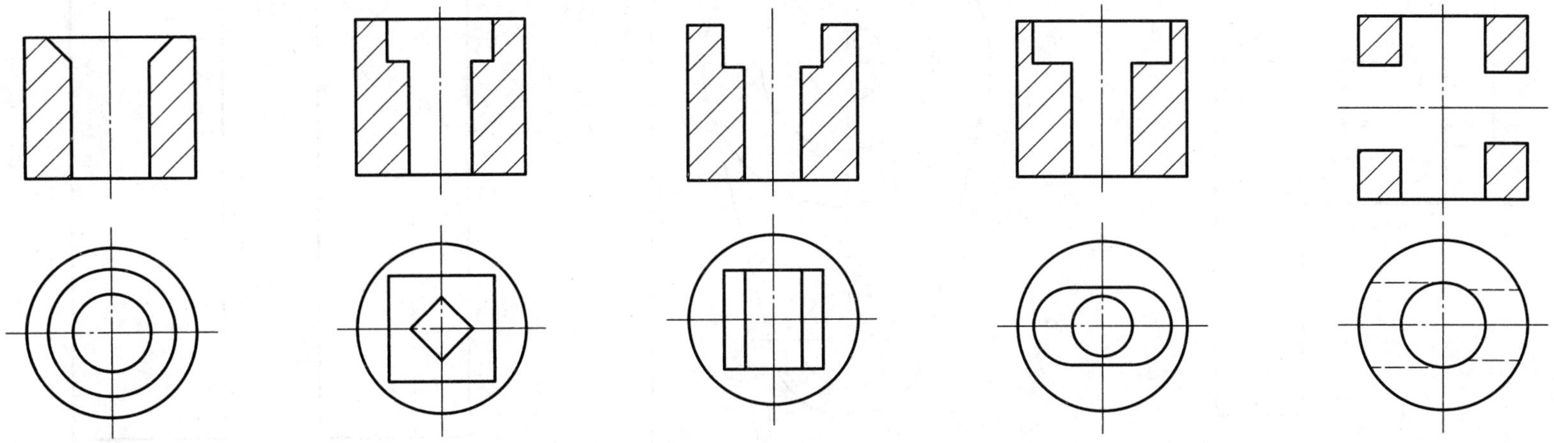

2. 在指定位置将主视图改画成全剖视图。

（1）

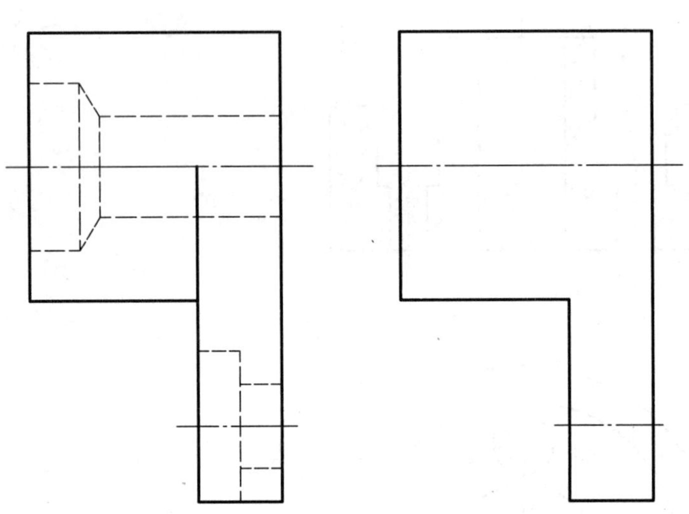

（2）

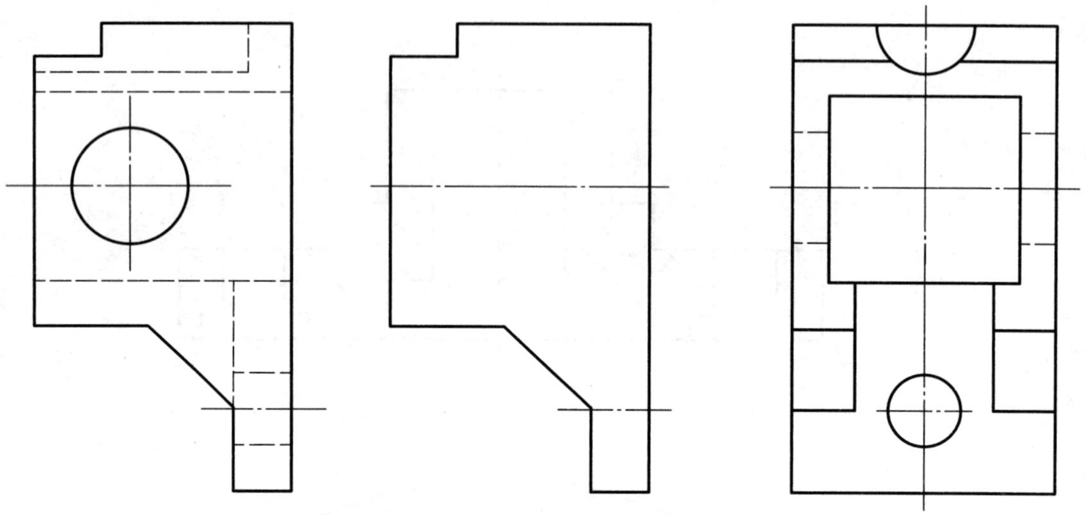

（3）

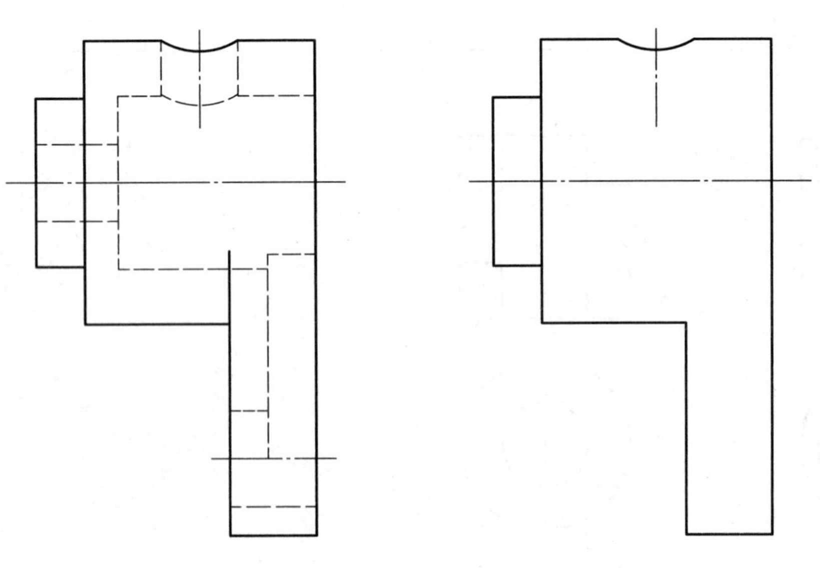

（4）

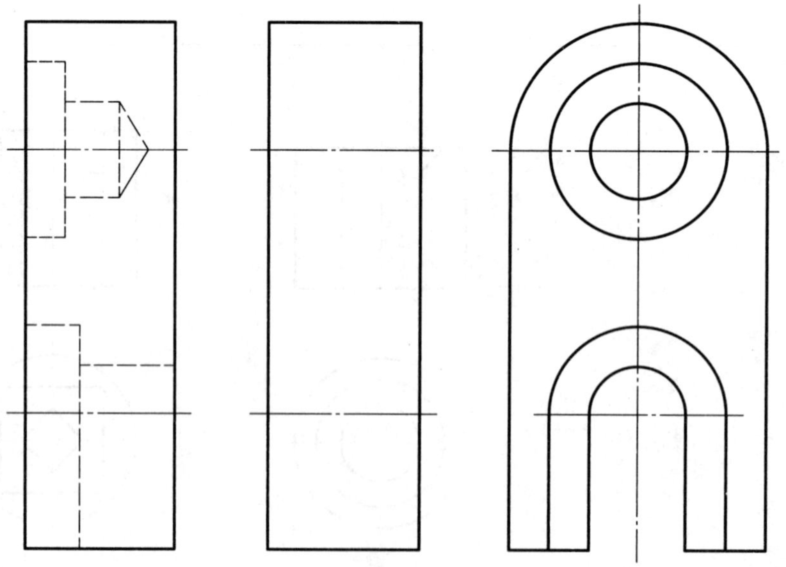

3. 在指定位置将主视图改画成半剖视图。

（1）

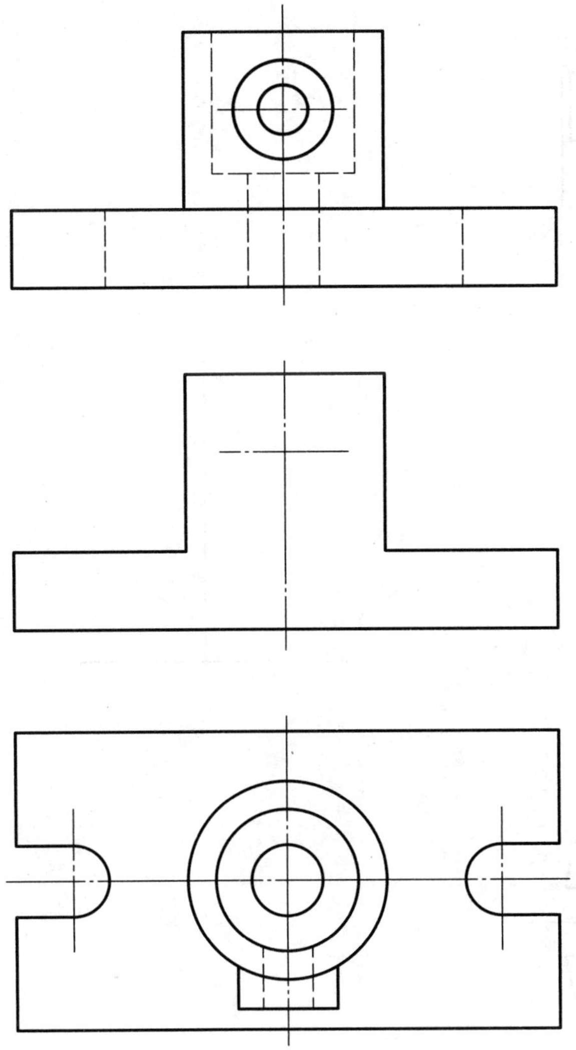

（2）

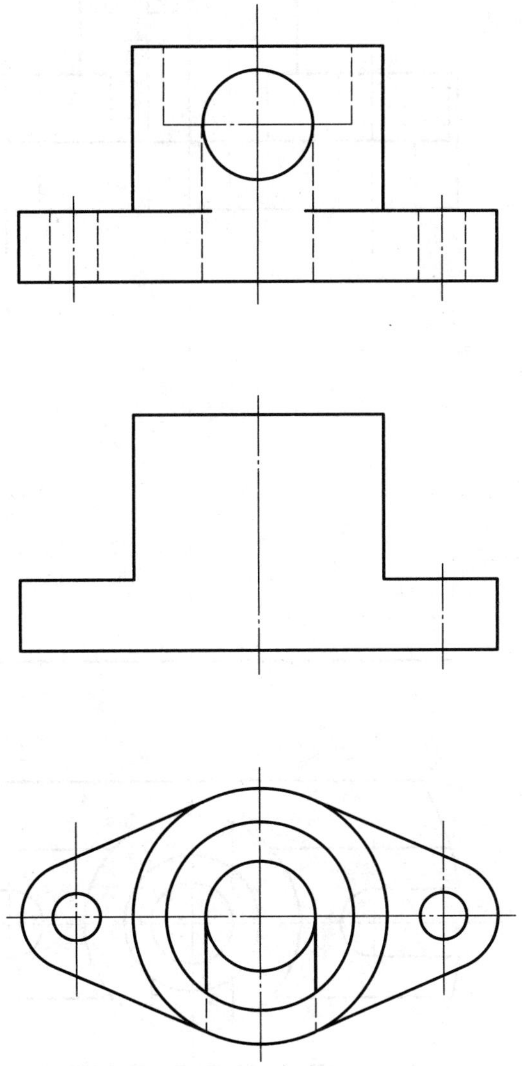

（3）

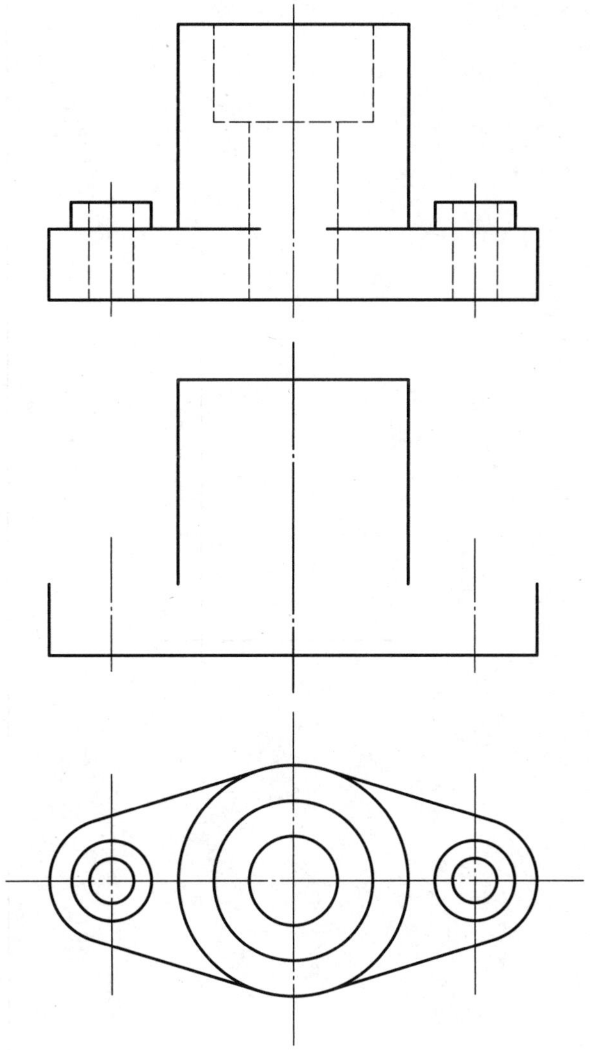

（4）

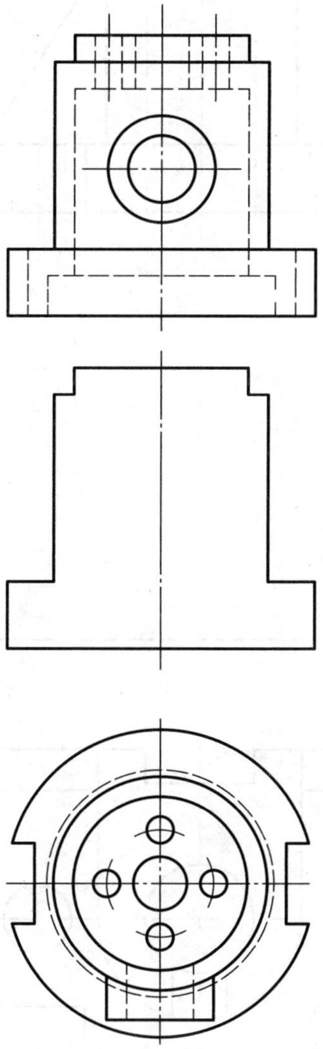

4. 在指定位置将主视图改画成半剖视图，并画出全剖的左视图。

（1）

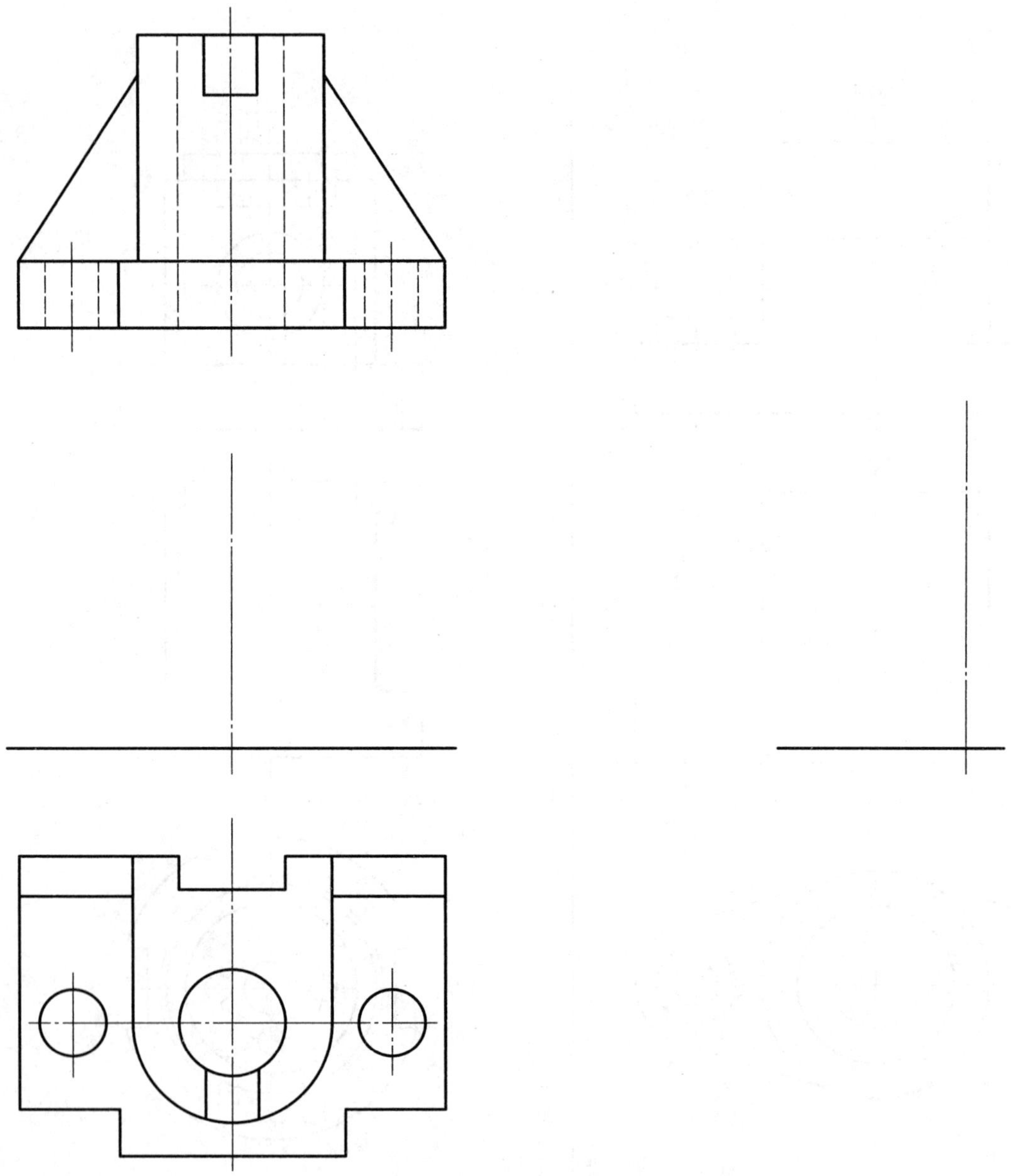

（2）

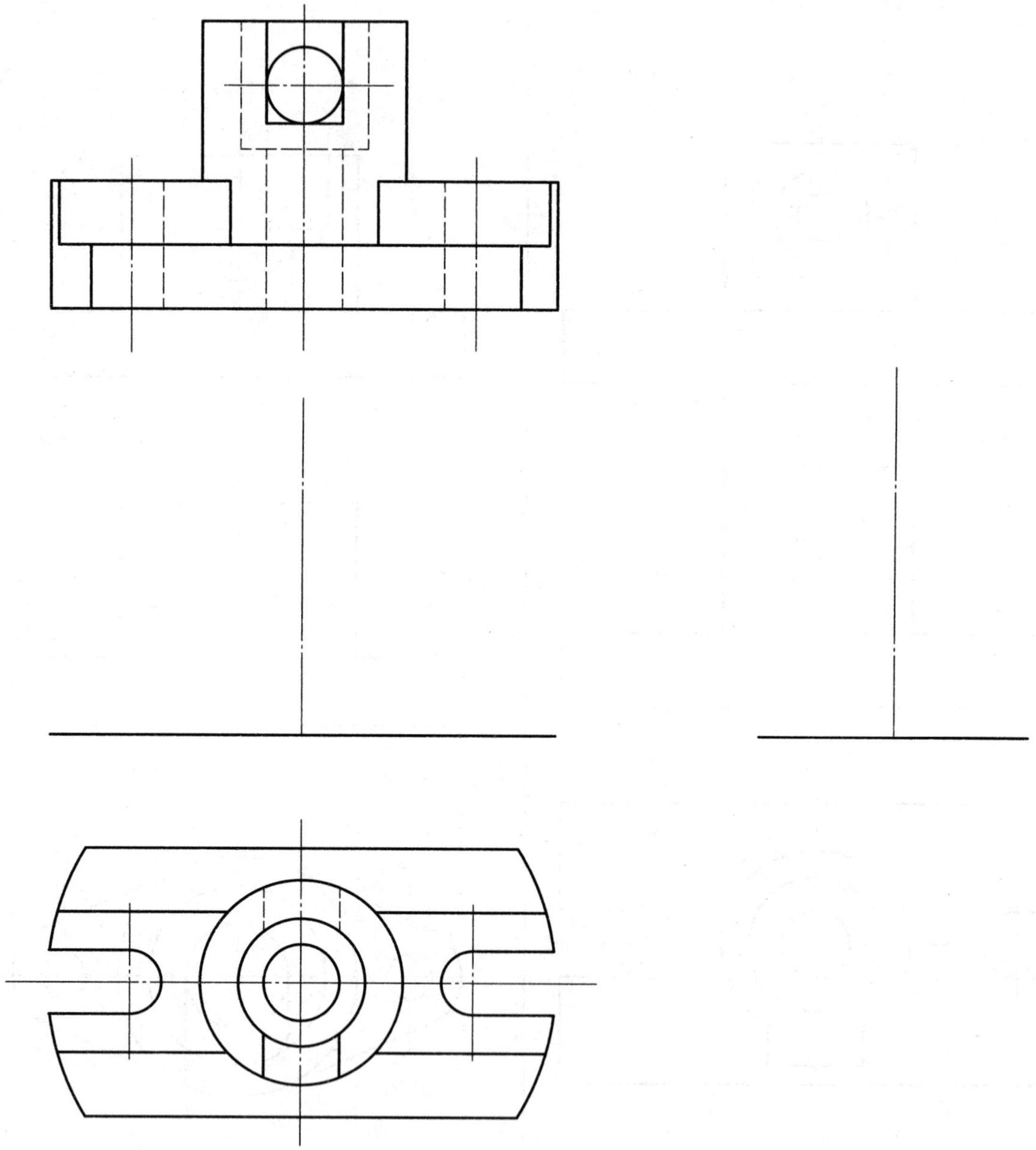

5. 将主视图改画成半剖视图，并画出全剖的左视图。

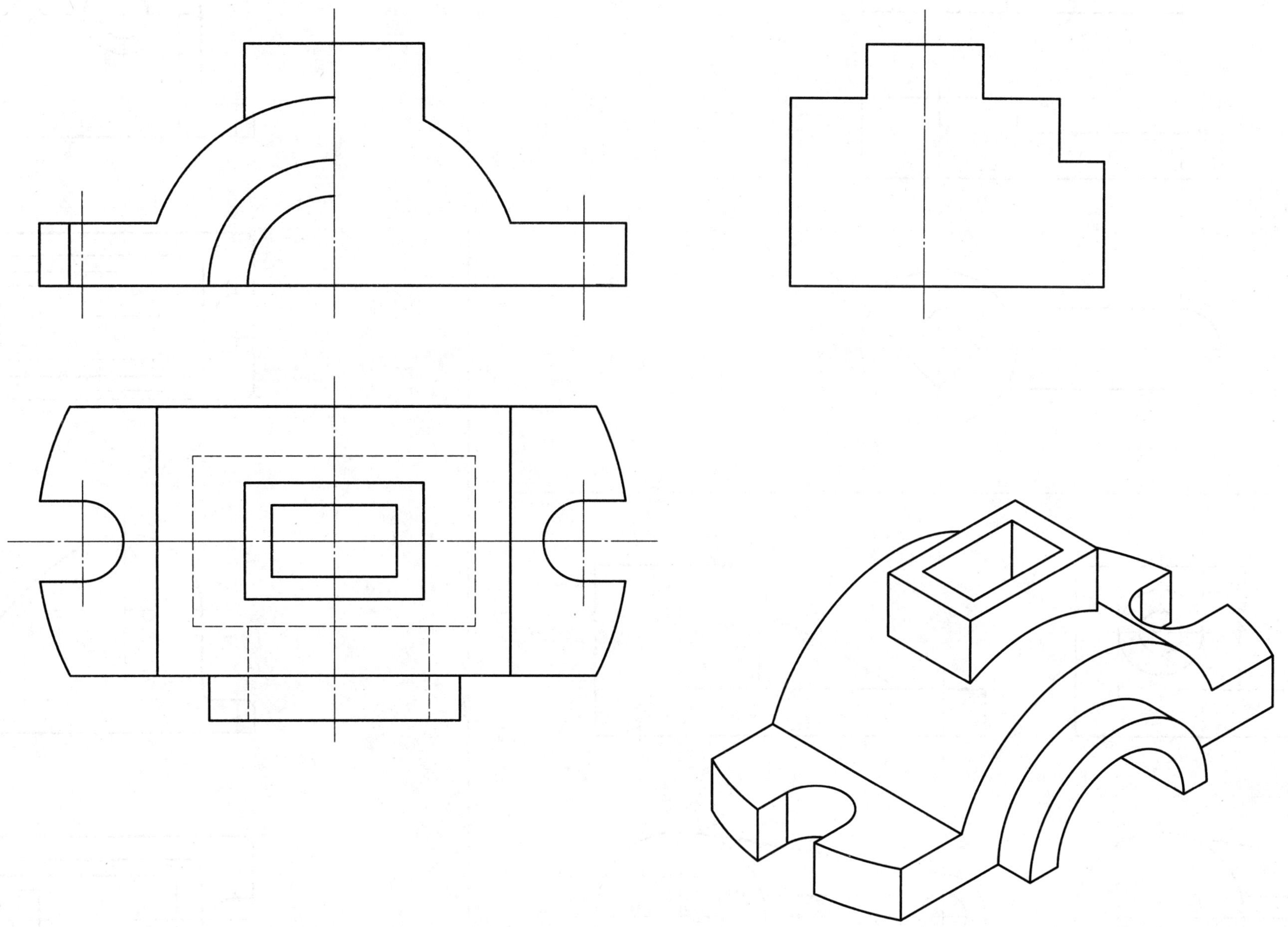

6. 将主视图、俯视图改画成局部剖视图。其中，（1）题将主视图改画成局部剖视图。

（1）

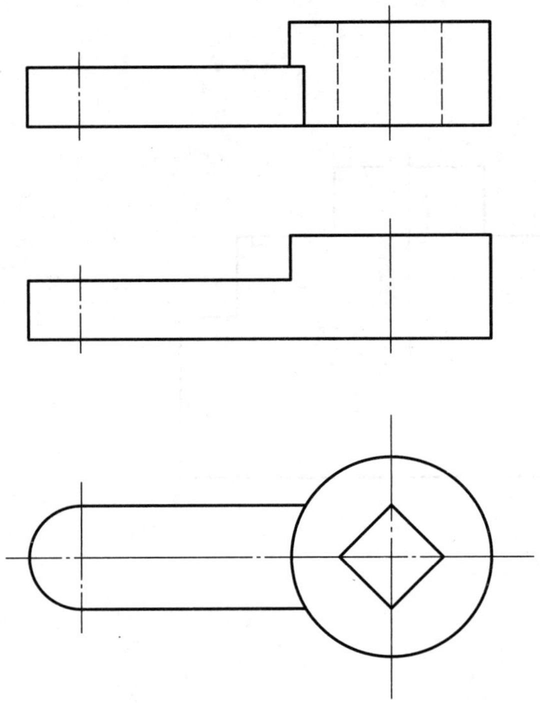

（2）

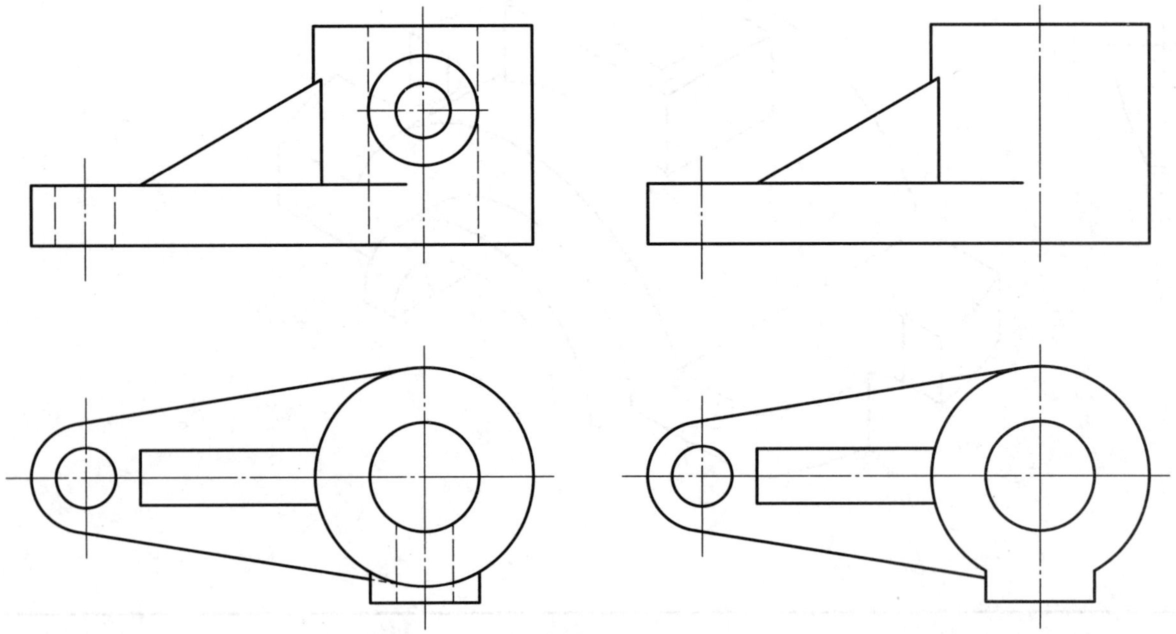

（3）

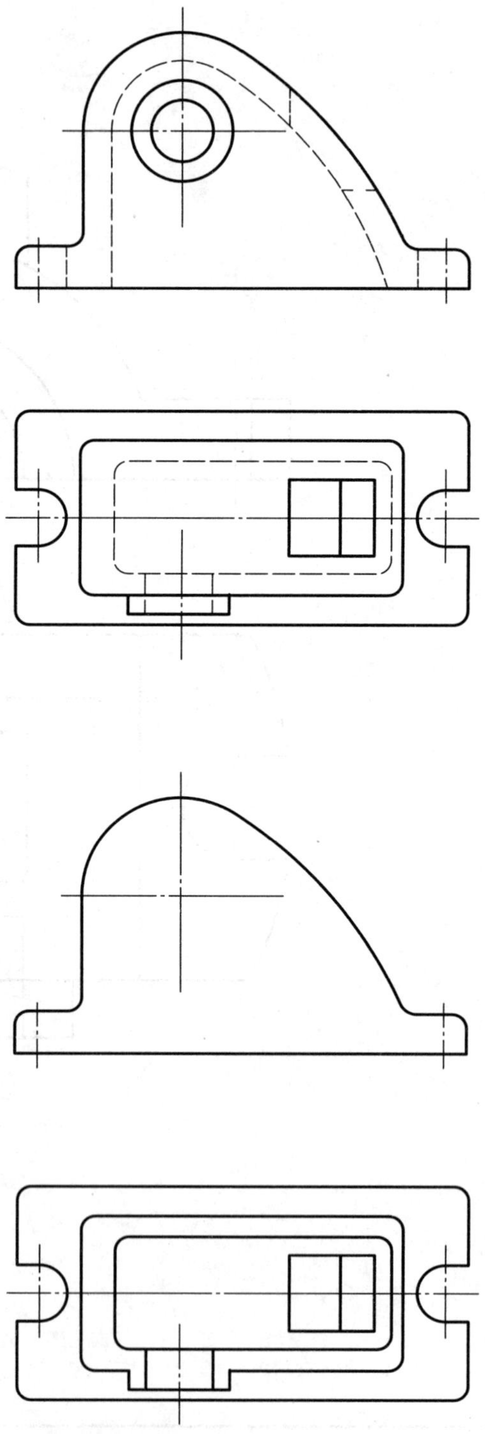

7. 画出 *A—A* 全剖视图并进行标注。

（1）

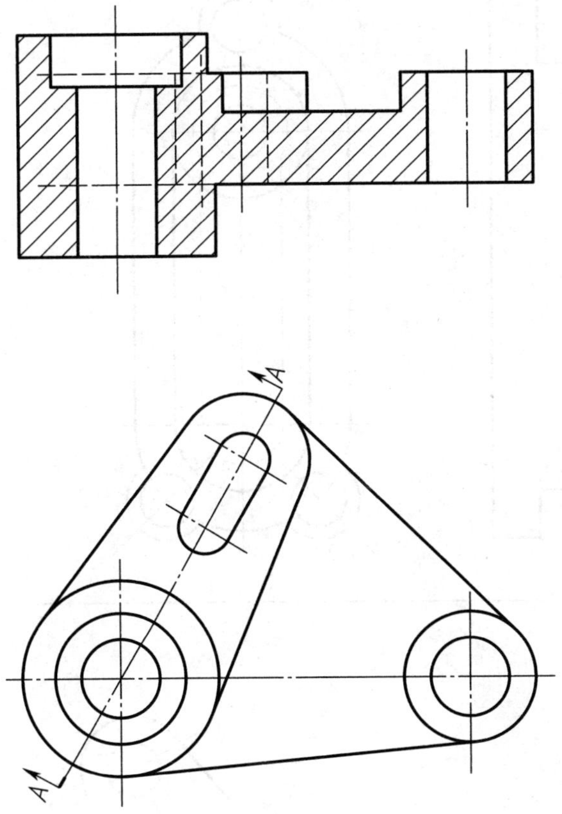

（2）

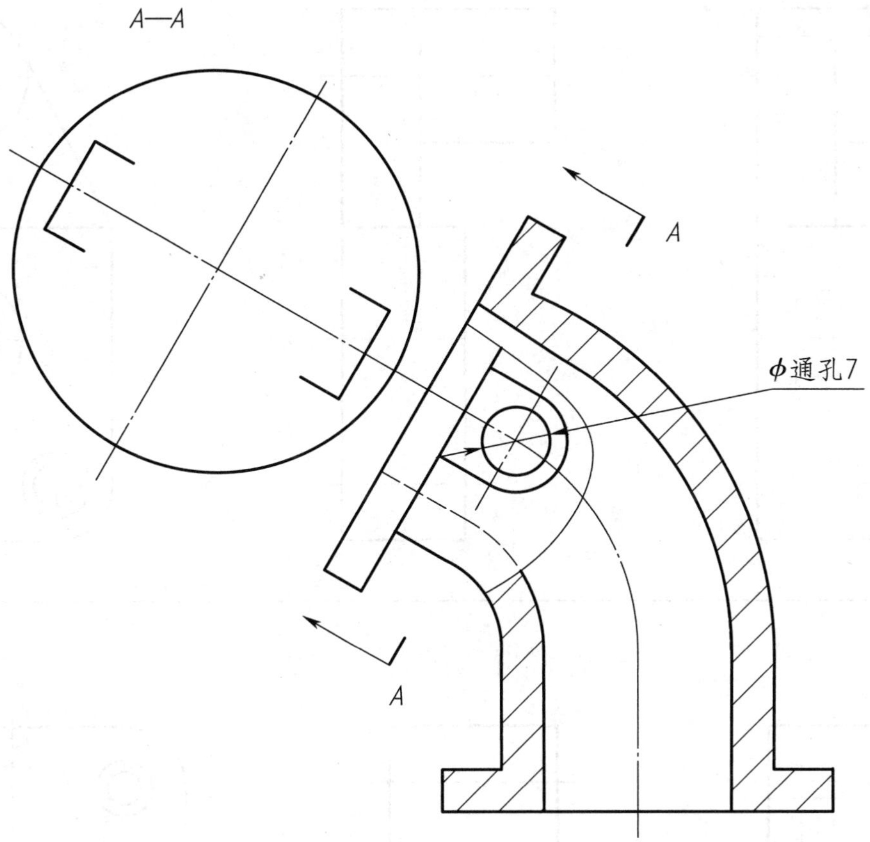

8. 选择适当的剖切面，将主视图改画成全剖视图并进行标注。

（1）

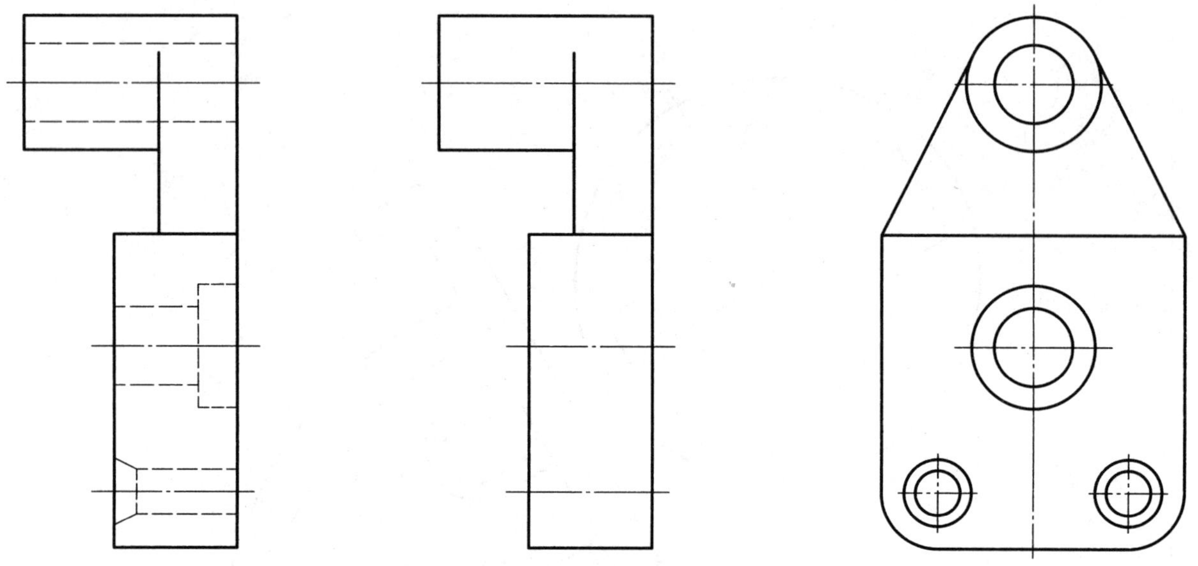

（2）

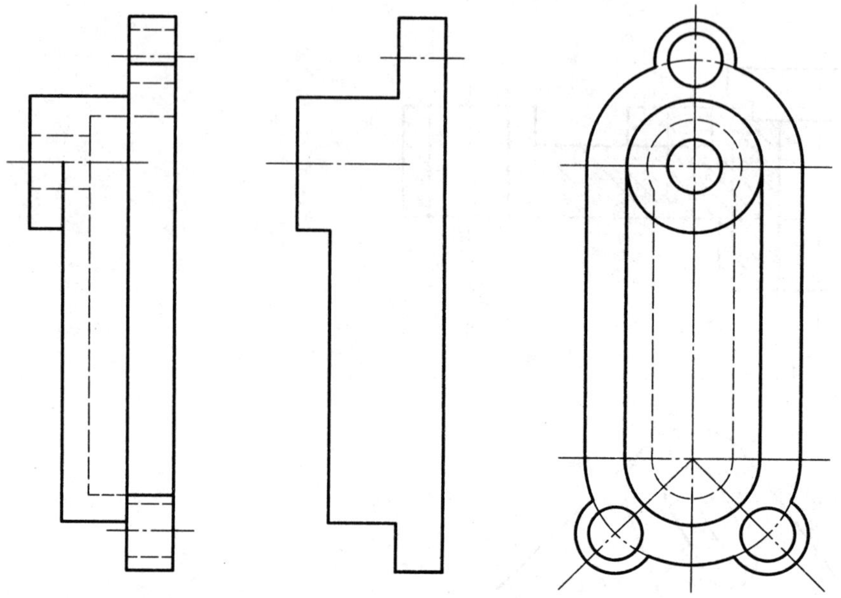

（3）

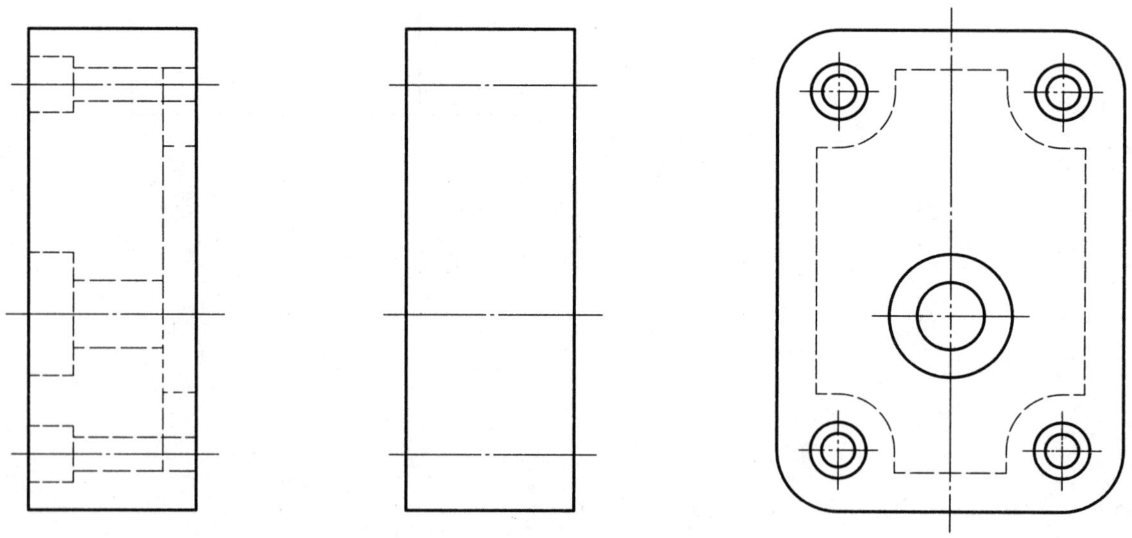

（4）

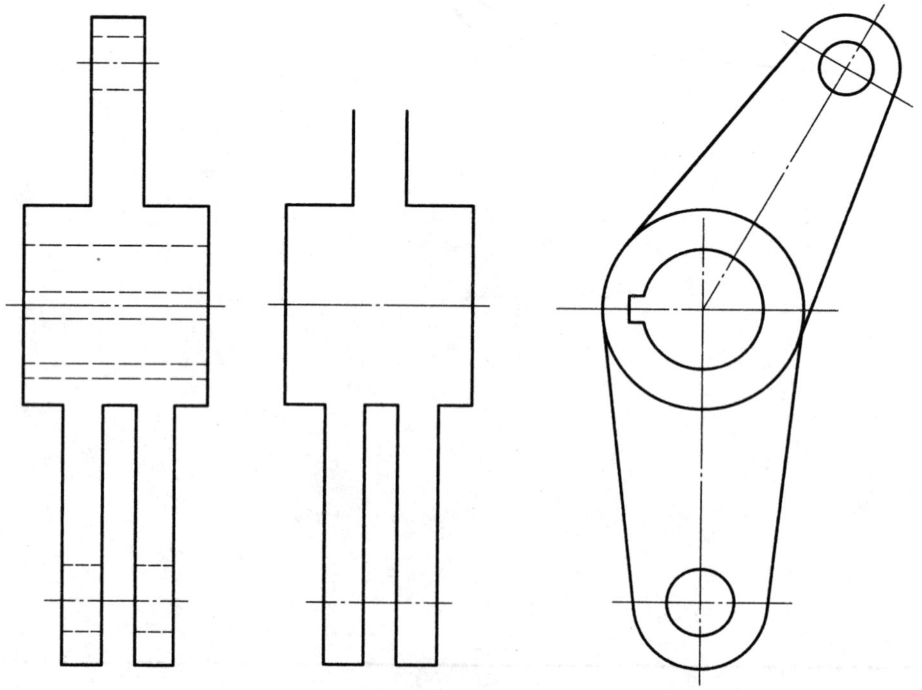

任务 3　断面图

1. 选择对应的移出断面图，并在视图中进行标注。

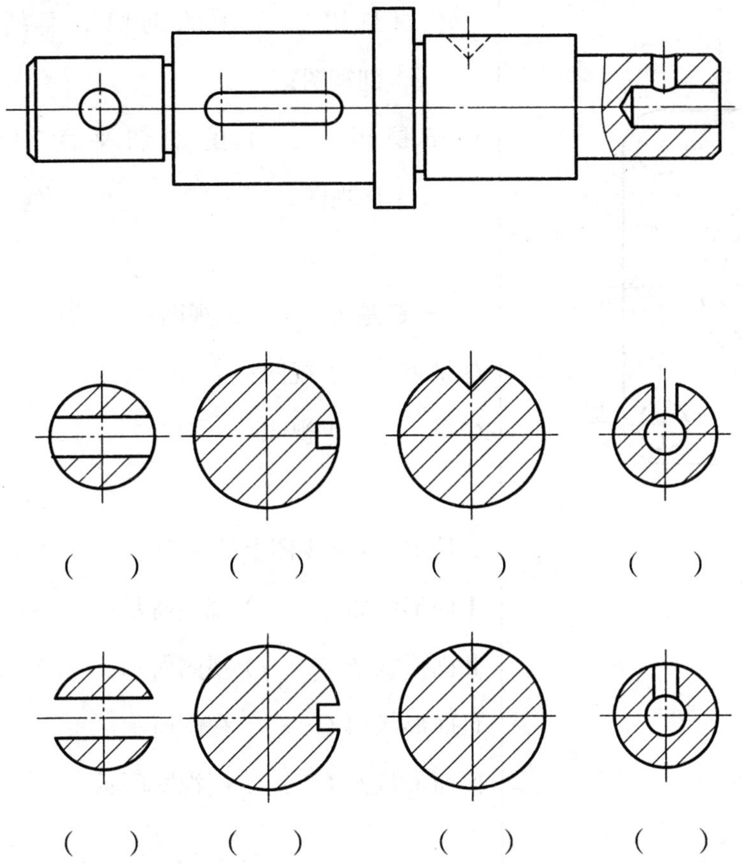

2. 选择正确的移出断面图，用“√”标记。

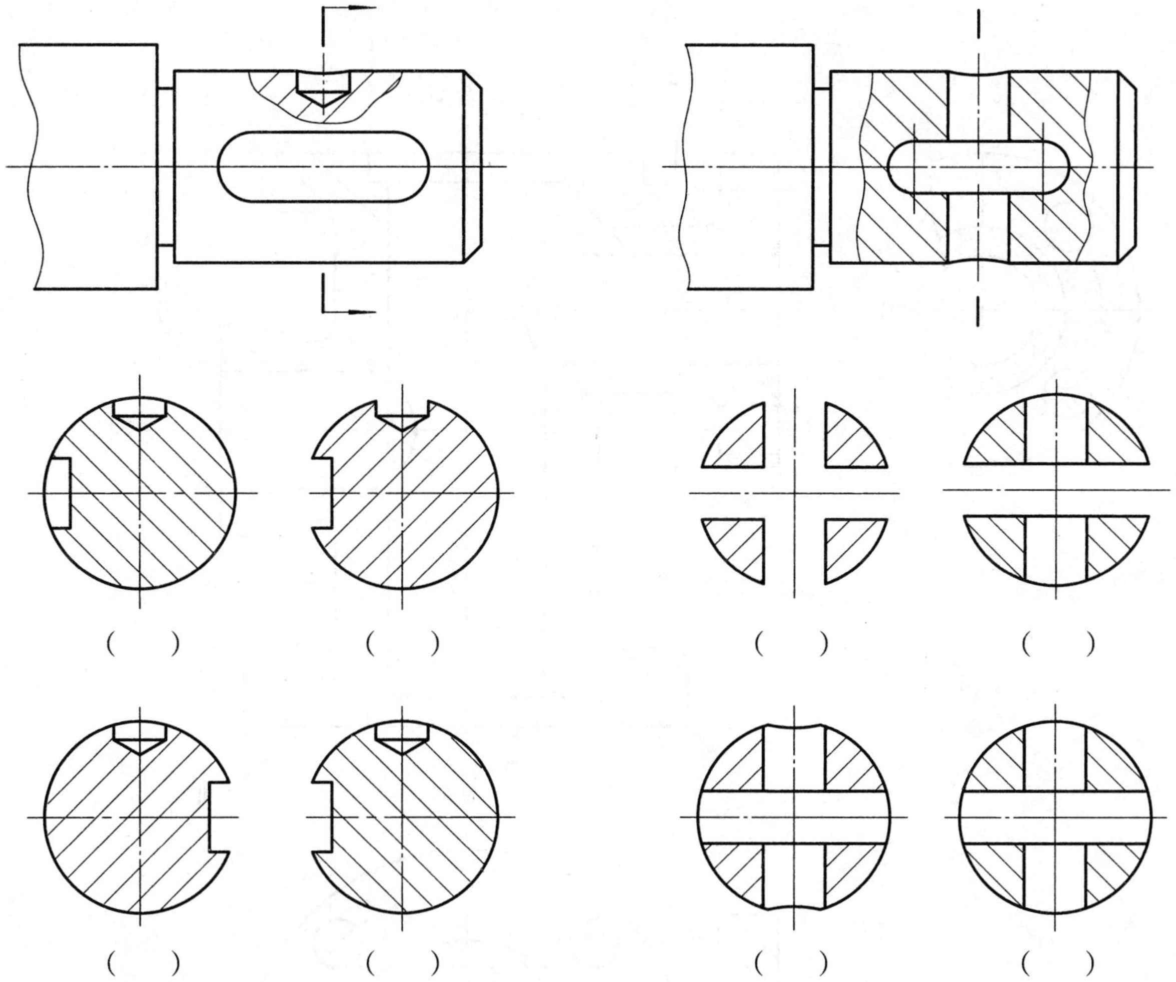

3. 在主视图上画出十字肋的重合断面图。

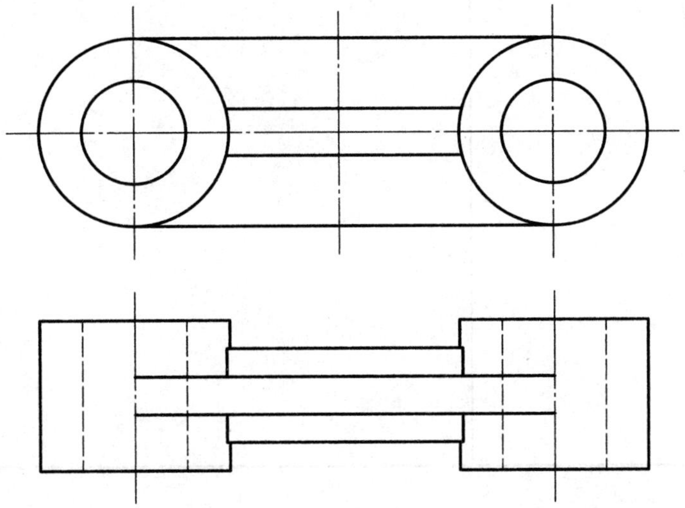

练习实践 分析四通管的表达方案

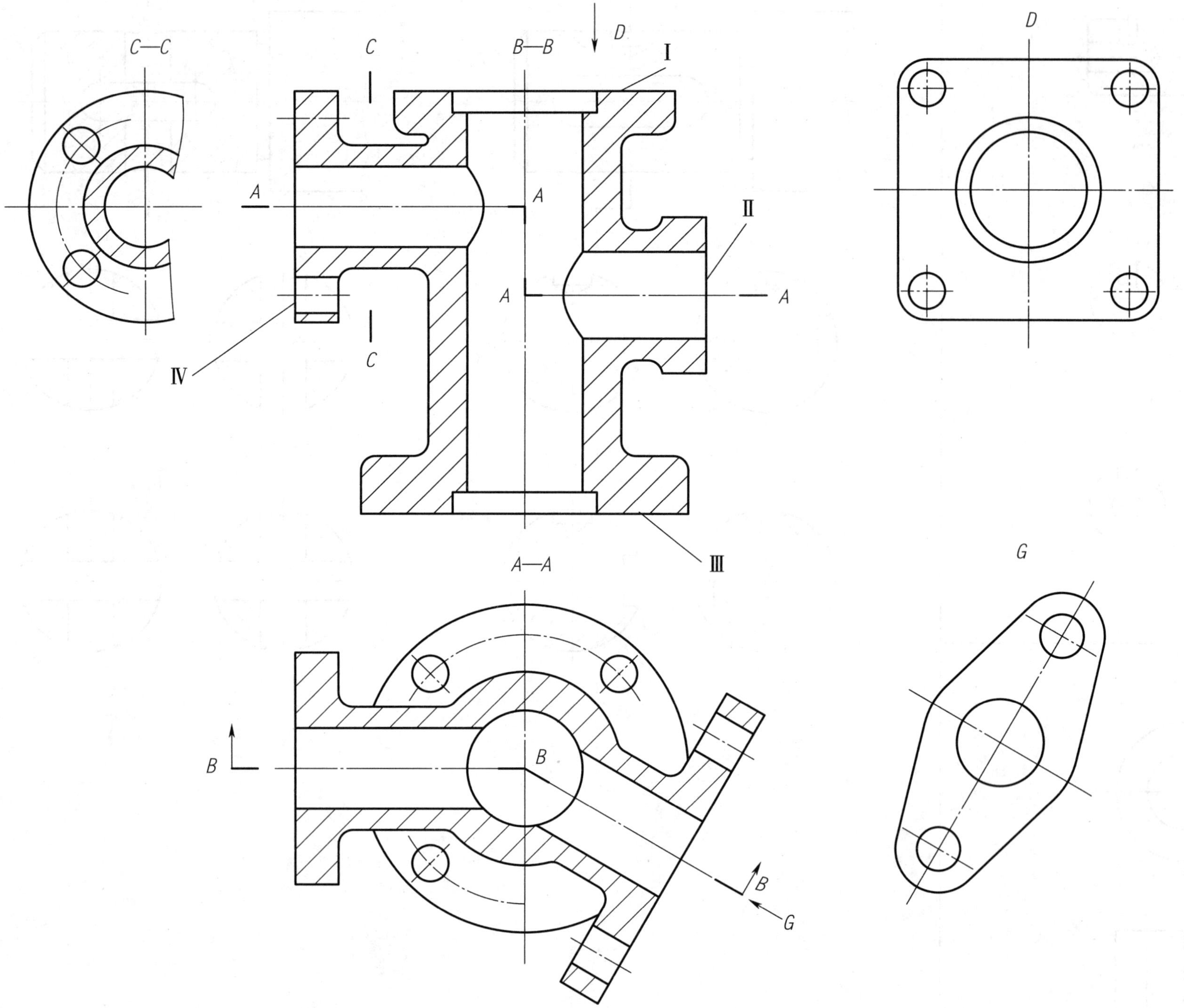

1. *A*—*A* 是用（　　）的剖切平面剖切，画出的（　　）剖视图；

B—*B* 是用（　　）的剖切平面剖切，画出的（　　）剖视图。

2. *C*—*C* 是（　　）剖视图；

D 是（　　）视图；

G 是（　　）视图。

3. 按 *B*—*B* 剖视图上的标记：

Ⅰ面形状如（　　）视图所示；

Ⅱ面形状如（　　）视图所示；

Ⅲ面形状如（　　）视图所示；

Ⅳ面形状如（　　）剖视图所示。

模块 7　标准件与常用件

任务 1　螺纹及螺纹紧固件

1. 分析螺纹画法中的错误，在指定位置画出正确的图形。

（1）

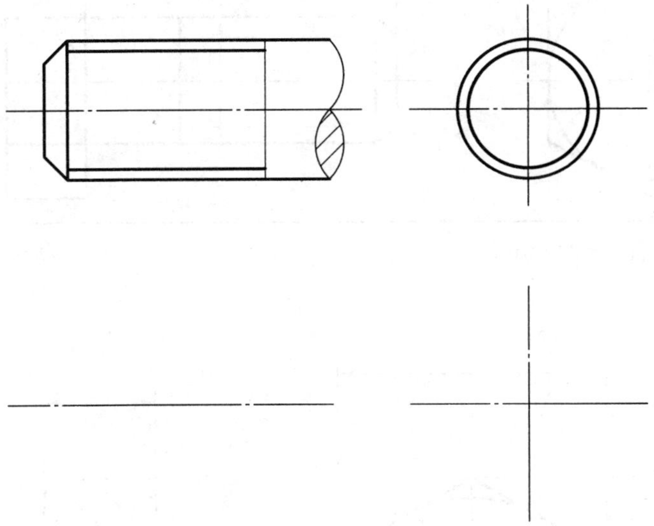

（2）

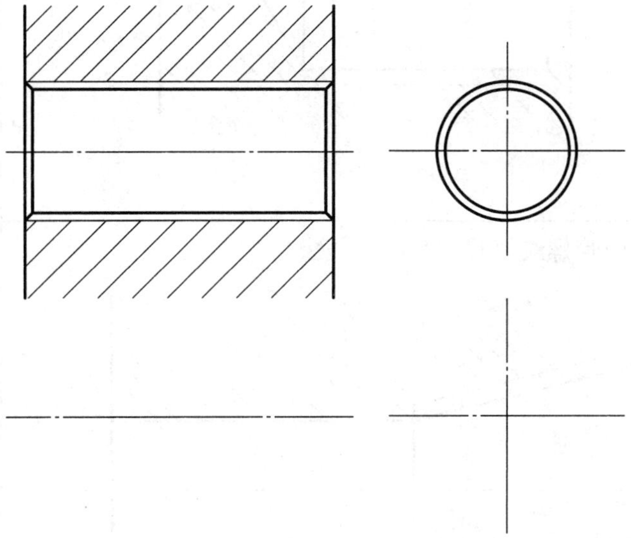

（3）

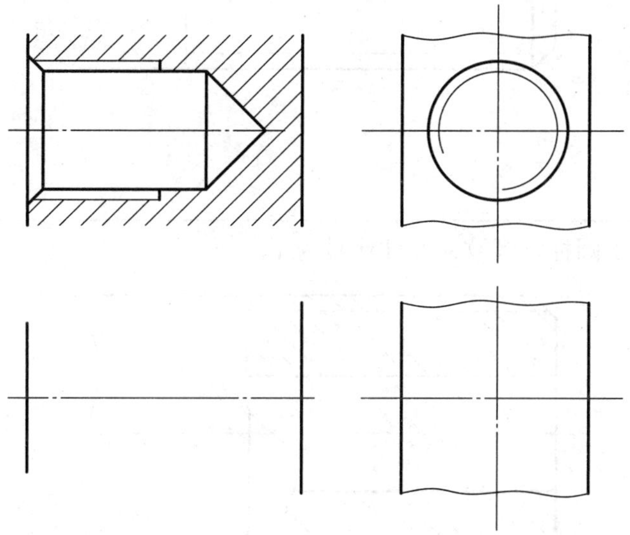

（4）

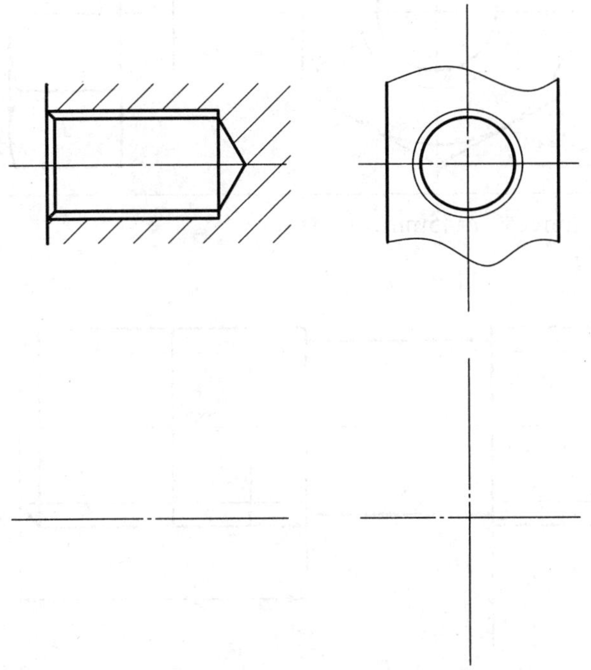

（5）

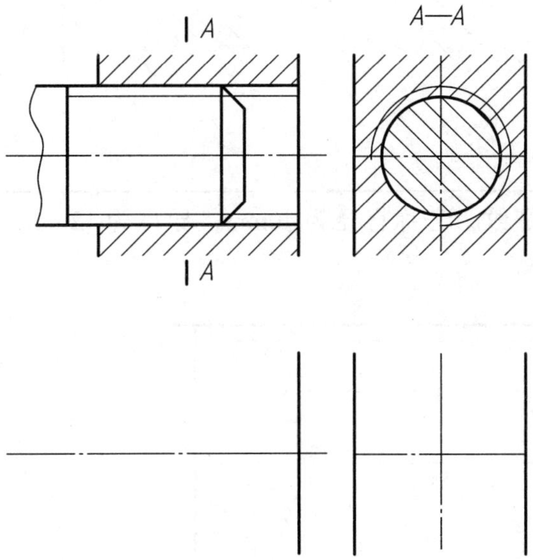

（6）

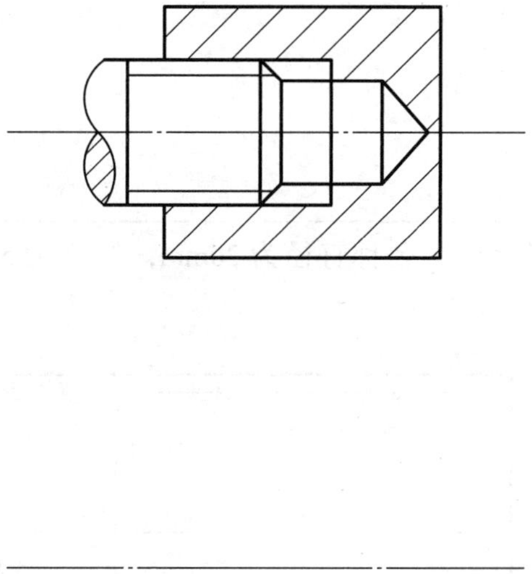

2. 在图形中标注螺纹的标记。

（1）粗牙普通螺纹，公称直径为 20mm，右旋。

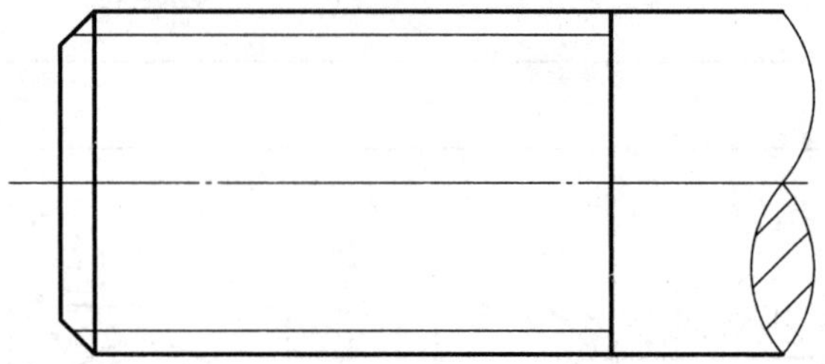

（2）细牙普通螺纹，公称直径为 20mm，螺距为 1.5mm，左旋。

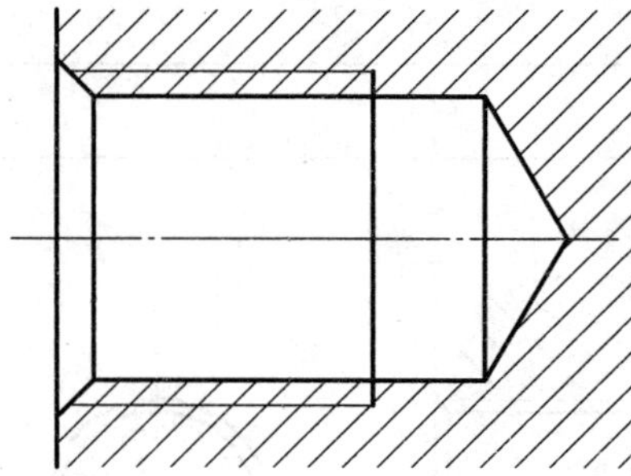

（3）圆柱管螺纹，尺寸代号为 1。

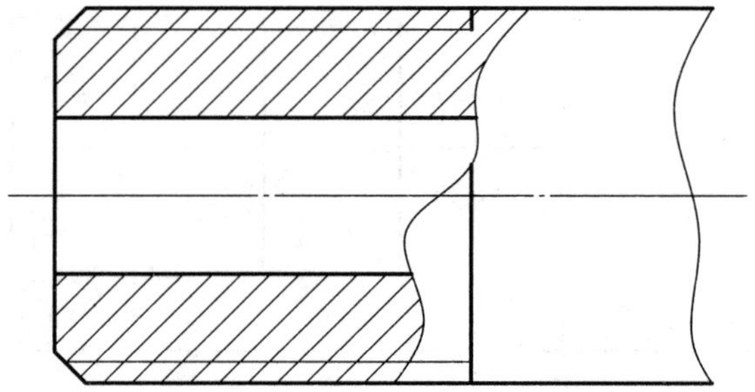

（4）圆锥内管螺纹，尺寸代号为 1/2。

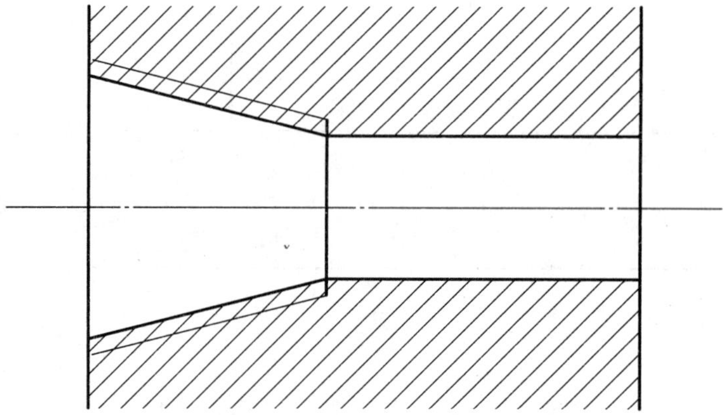

（5）梯形螺纹，公称直径为 20mm，螺距为 5mm，双线，左旋。

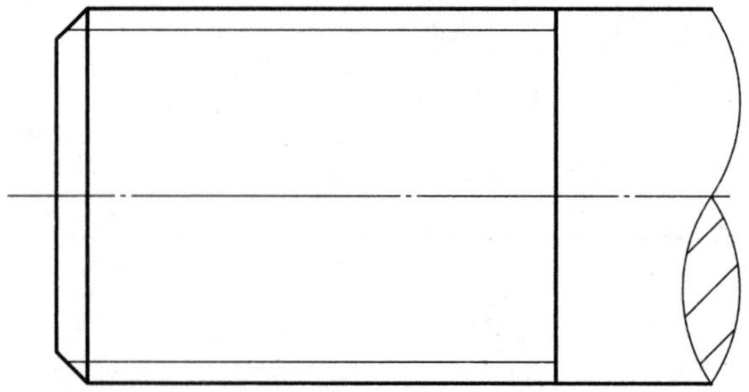

（6）锯齿形螺纹，公称直径为 40mm，导程为 12mm，双线，右旋。

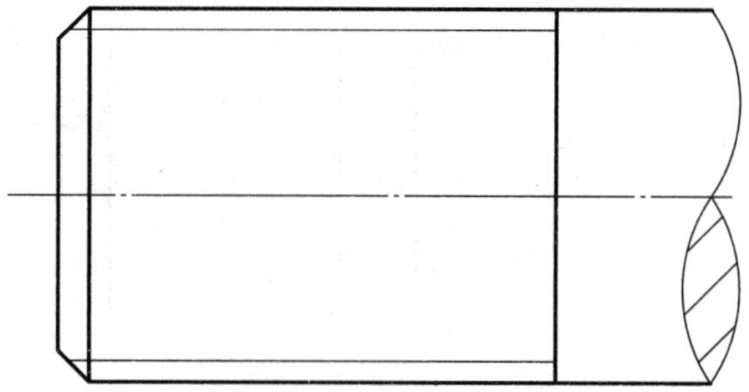

3. 注出下列螺纹紧固件的尺寸，并注写其规定标记。

（1）六角头螺栓：大径 d=12mm，长 L=30mm。

标记：

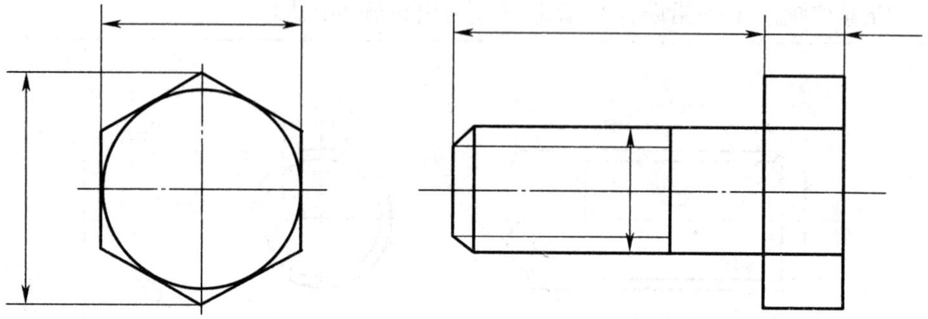

（2）六角螺母：大径 D=16mm。

标记：

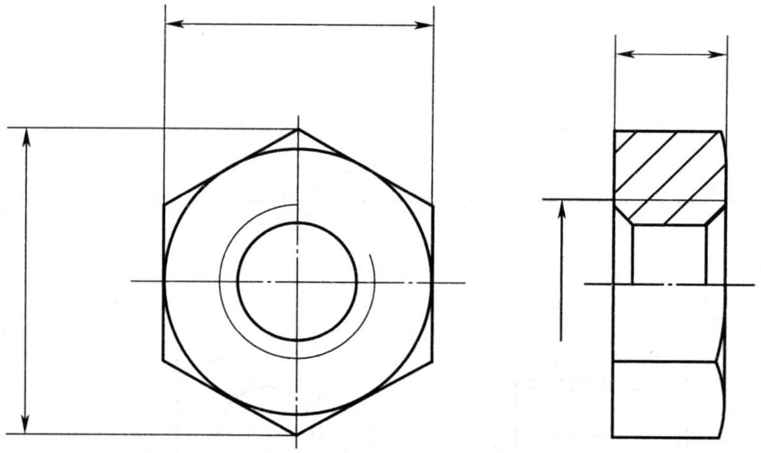

（3）双头螺柱：d=20mm，长 l=45mm，b_m=1d。

标记：

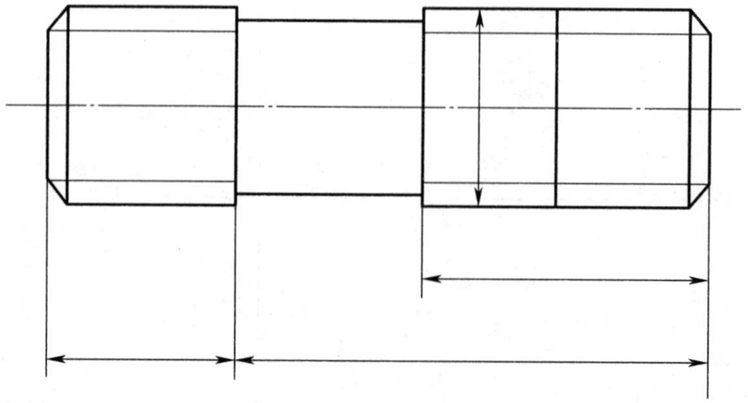

4. 判断下列各处螺纹连接画法的对错，并在对应的横线上打“√”或“×”。

（1）螺栓连接。

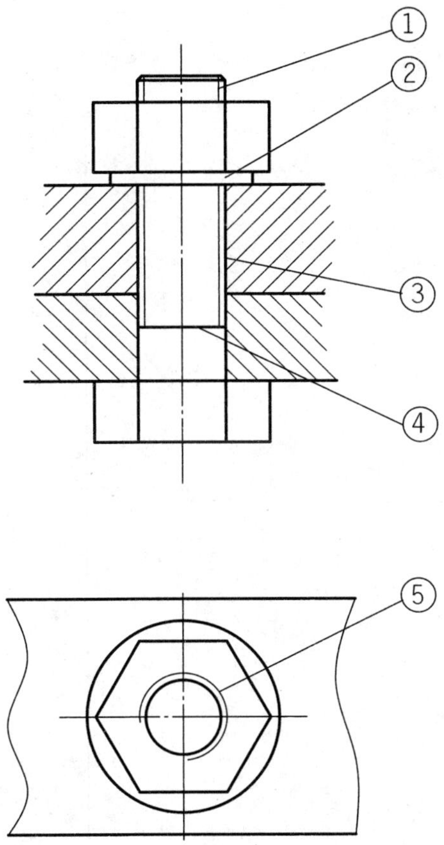

① ______
② ______
③ ______
④ ______
⑤ ______

（2）螺柱连接。

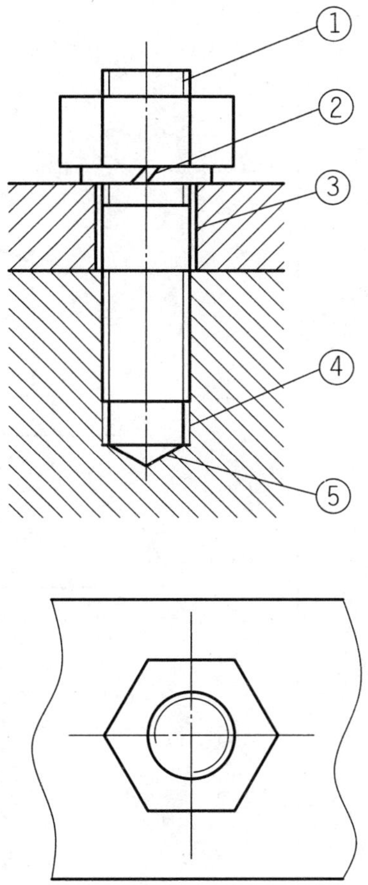

① ______
② ______
③ ______
④ ______
⑤ ______

（3）螺钉连接。

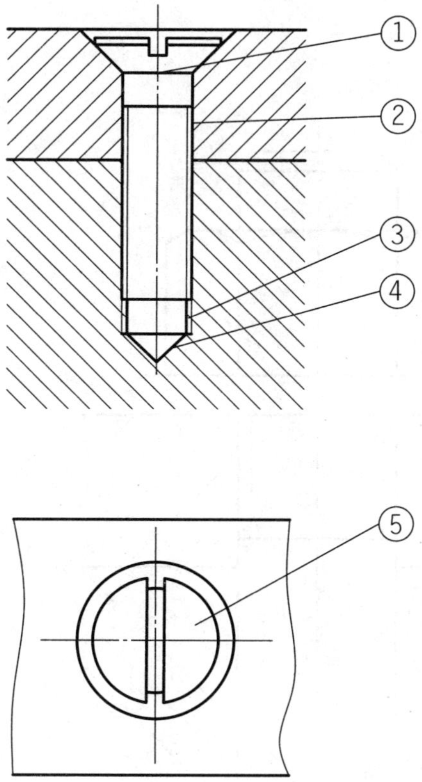

① ______
② ______
③ ______
④ ______
⑤ ______

5. 指出下列螺纹紧固件连接中画法的错误，并在右边画出正确的图形。

(1) 螺栓连接。

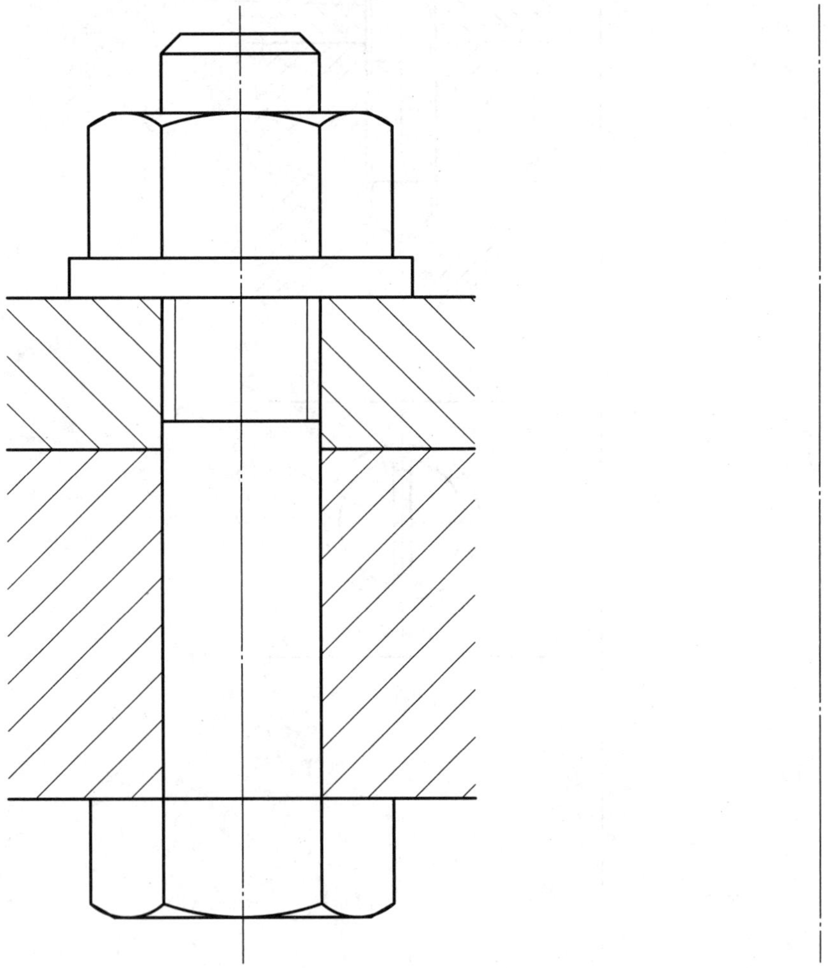

(2) 螺柱连接。

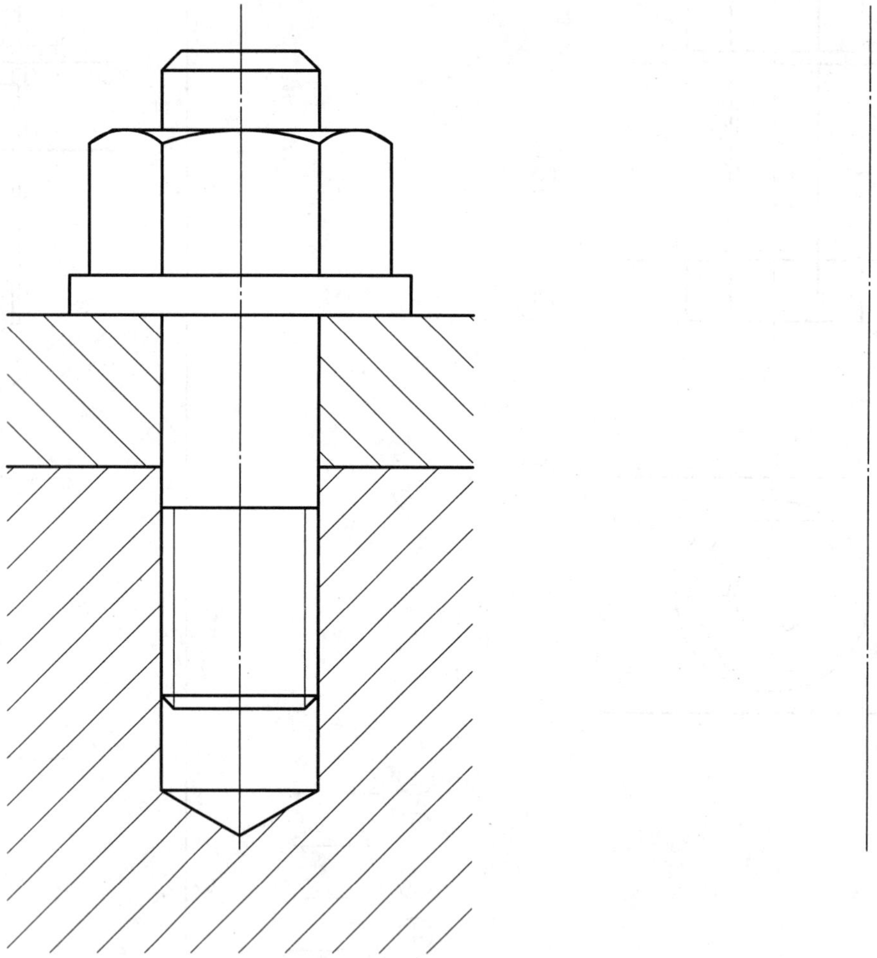

任务2　键与销

绘制键槽及键、销连接图。

（1）按轴径查出普通平键键槽尺寸，画出 *A*—*A* 断面图，并标注尺寸（尺寸从图中量取并取整数）。

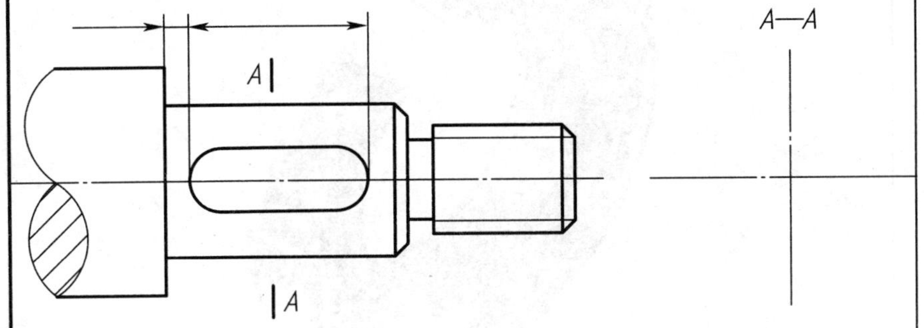

键的标记：________________

（2）补全平键连接的装配图［尺寸同（1）题］，并写出图中所画普通平键的规定标记。

键的标记：________________

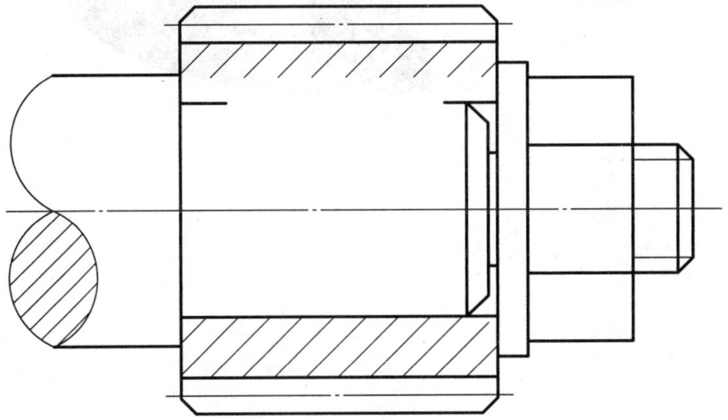

（3）画出 *d*=6mm、A 型圆锥销连接图（补齐轮廓线和剖面线），并写出该圆锥销的标记。

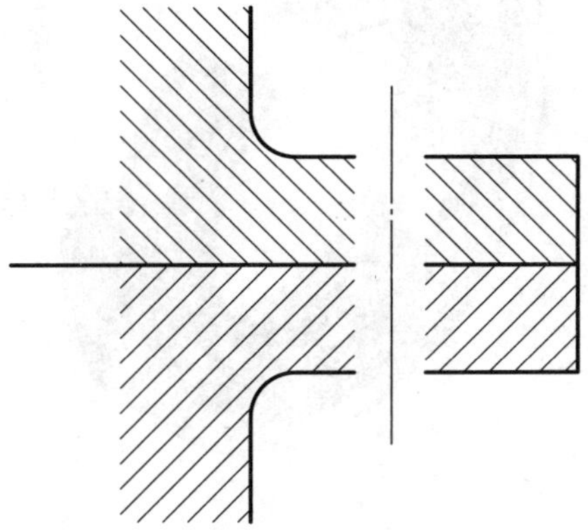

销的标记：________________

（4）补全与（1）题中的轴相配合的孔内键槽的主视图，画出 *B* 向局部视图，并标注尺寸。

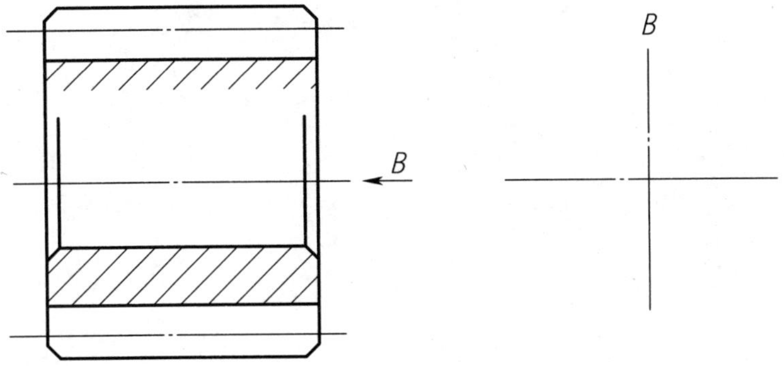

键的标记：________________

（5）画出 *d*=6mm、A 型圆柱销连接图（补齐轮廓线和剖面线），并写出该圆柱销的标记。

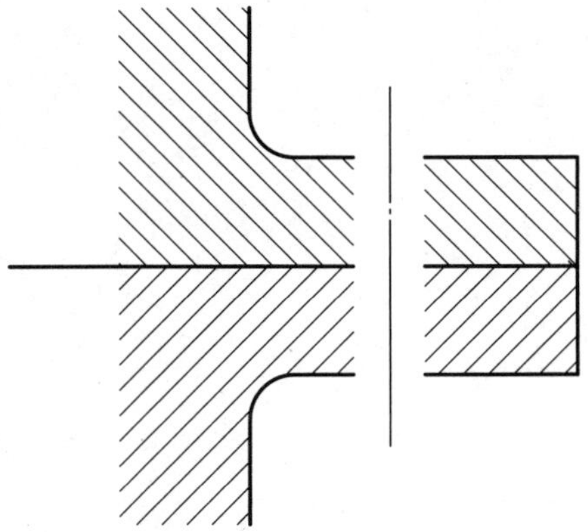

销的标记：________________

任务3 轴承		
查表，采用特征画法绘制指定的滚动轴承，并标注尺寸。		
（1）深沟球轴承 6208。 	（2）推力球轴承 51208。 	（3）圆锥滚子轴承 31208。 

任务 4　齿轮

绘制齿轮。

（1）已知直齿圆柱齿轮模数 m=2.5mm，齿数 z=33，完成两视图。

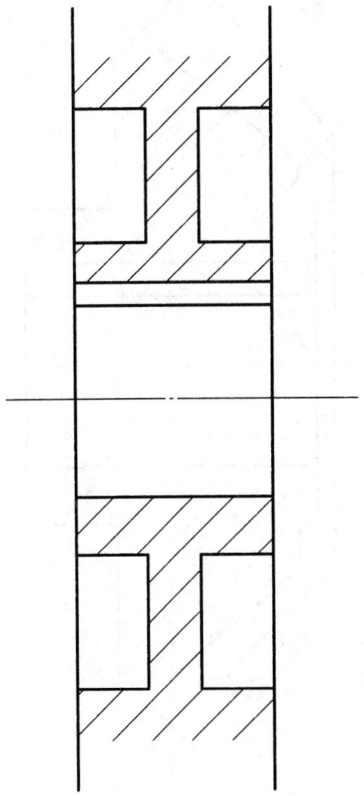

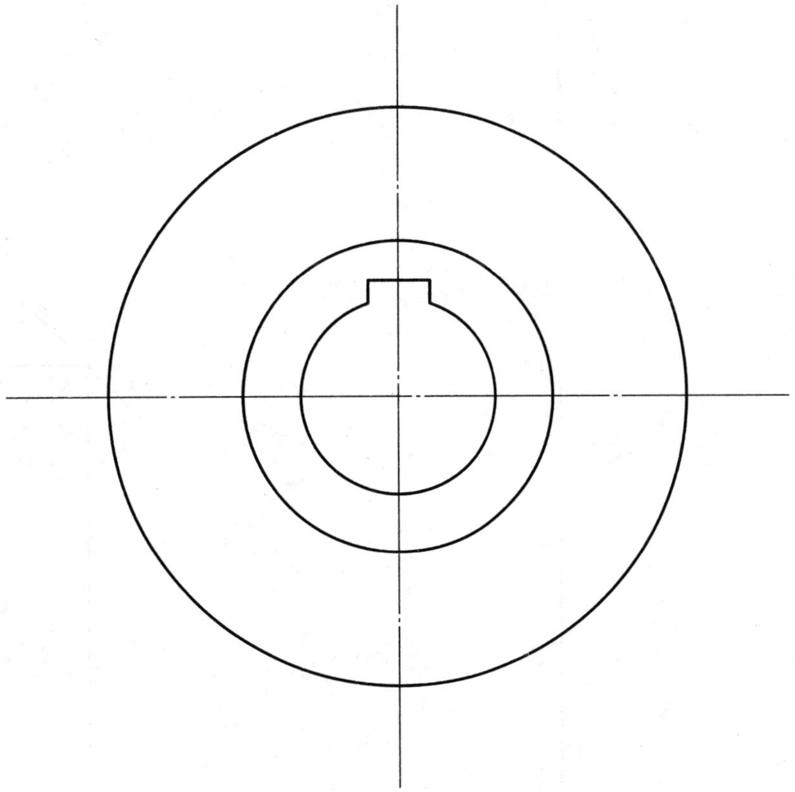

（2）已知大齿轮模数 m=2mm，齿数 z=24，小齿轮齿数 z=17，计算两齿轮主要绘图参数，并补全两齿轮啮合的主视图、左视图。

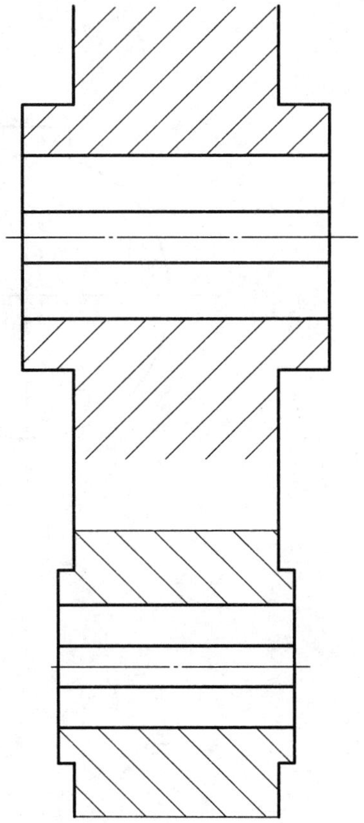

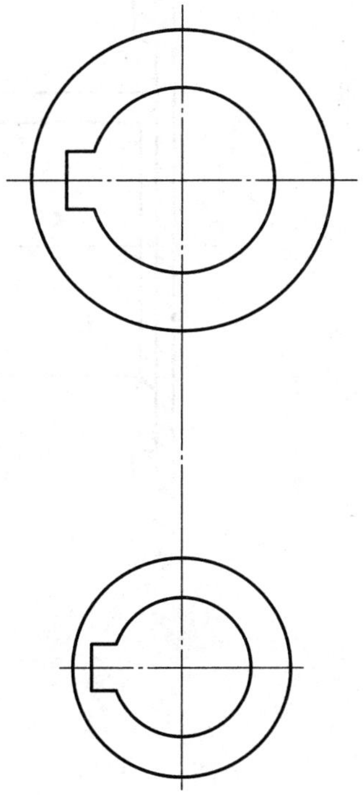

（3）已知直齿锥齿轮模数 m=3mm，齿数 z=23，分度圆锥角 δ=45°，计算尺寸后画全主视图。	（4）已知一对直齿锥齿轮啮合，m=4.5mm，z_1=z_2=21，两轴垂直相交，计算尺寸后画全啮合图。
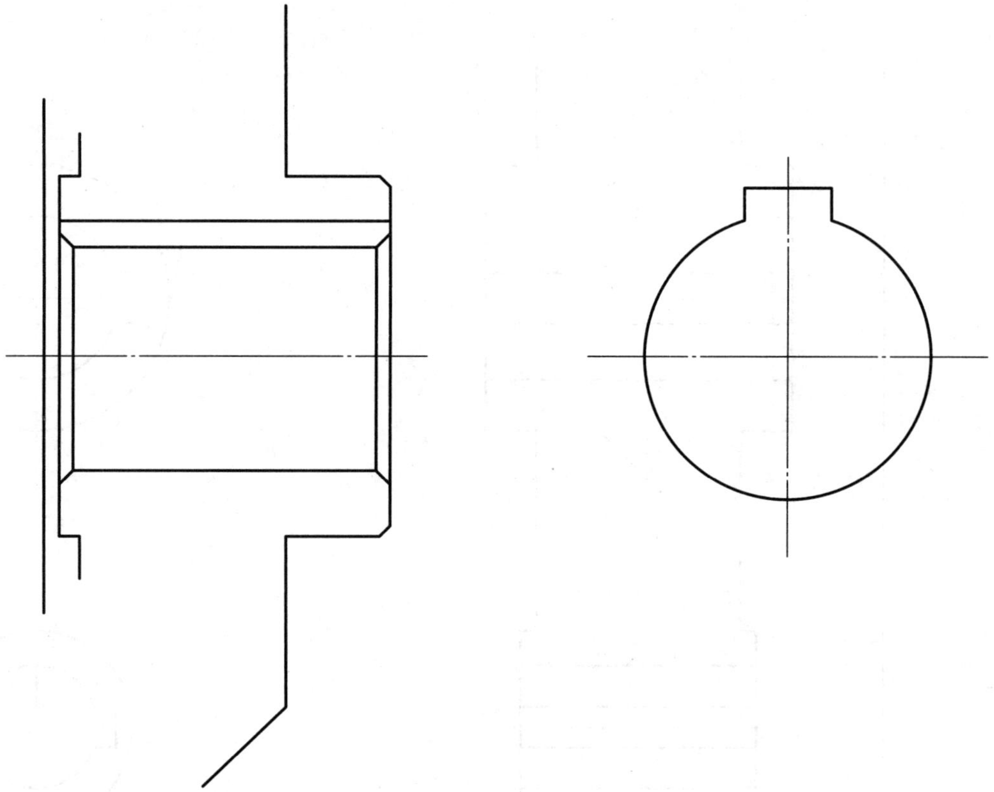	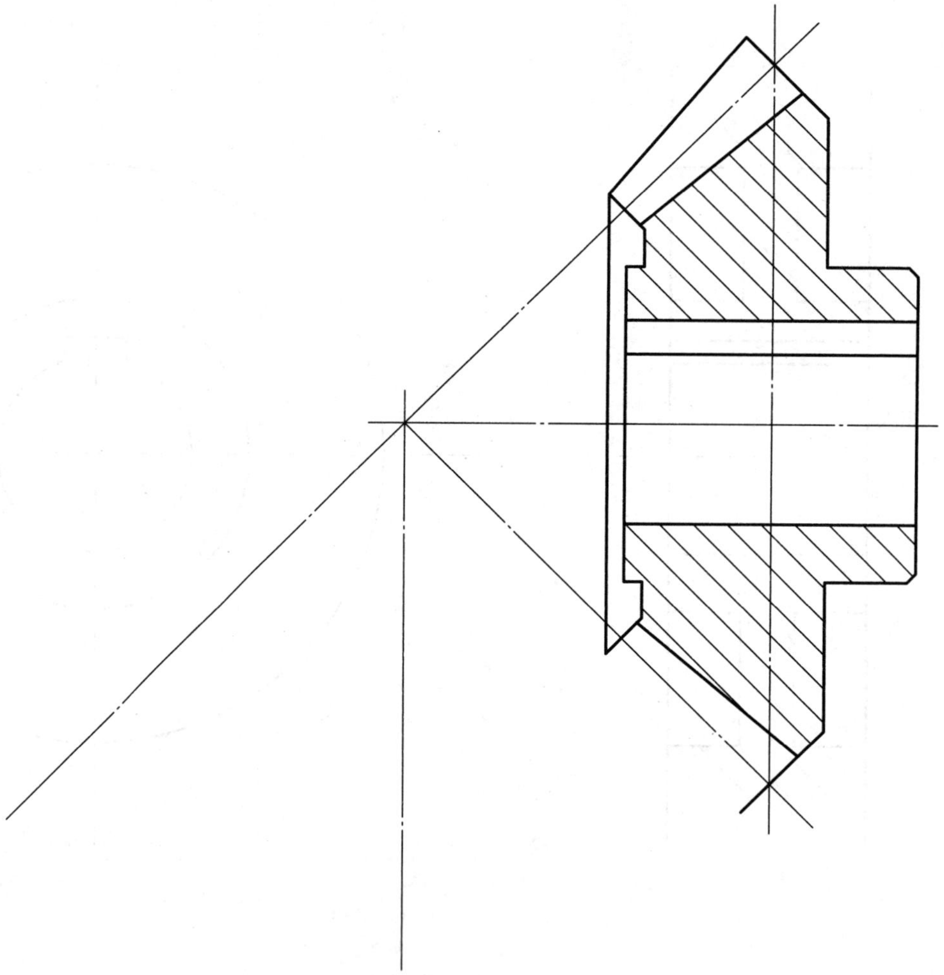

模块 8　零件图

任务 1　零件的技术要求

1. 零件图的表面结构代号（表面粗糙度）标注练习。

（1）按左图的位置在右图标注正确的表面结构代号，表中给出表面粗糙度 R_a 参数值。

表面	*A*	*B*	*C*	*D*	*E*	其余
R_a/μm	1.6	3.2	0.8	6.3	6.3	12.5

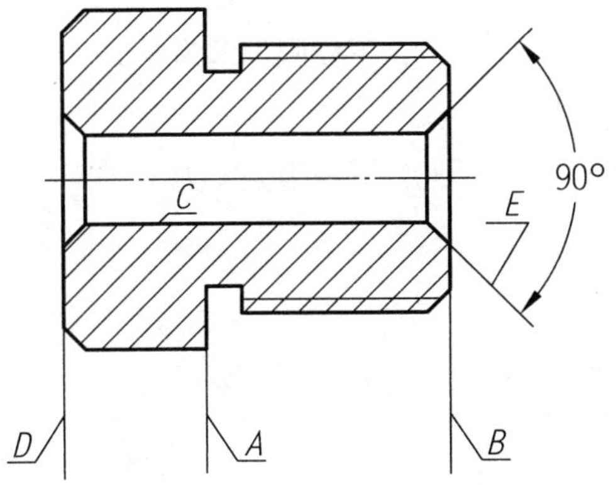

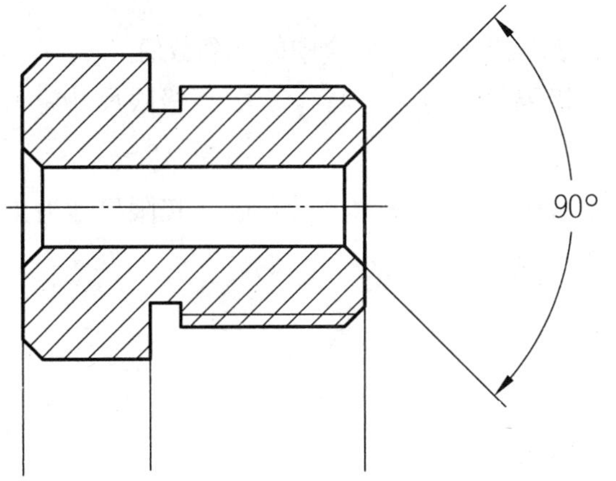

（2）分析左图中表面结构代号的错误，在右图中正确标注。

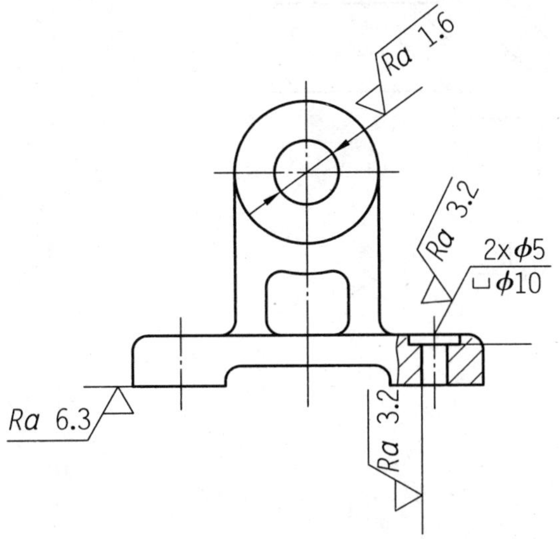

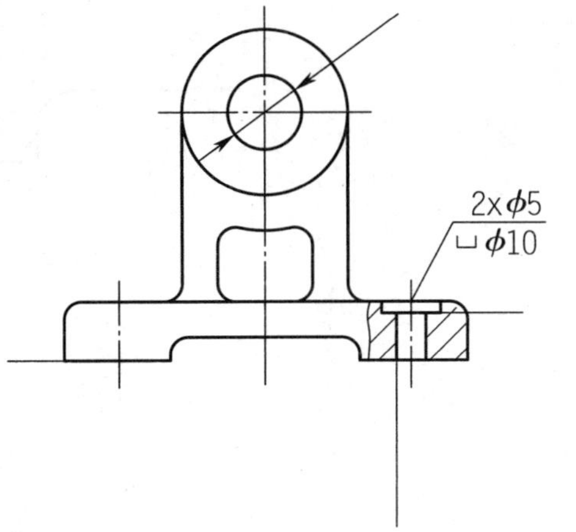

2. 根据图中所标注的尺寸填写下表。

名称 \ 孔或轴	轴	孔
公称尺寸		
上极限尺寸		
下极限尺寸		
上极限偏差		
下极限偏差		
公差		

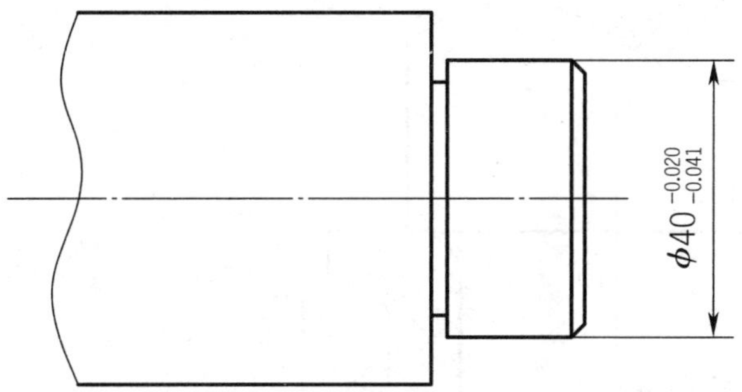

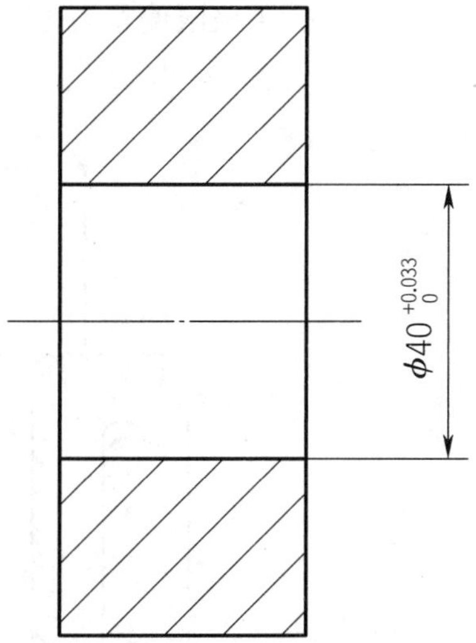

3. 根据配合代号回答下列问题。	4. 根据配合代号回答下列问题。
（1）说明 $\phi 28\frac{H7}{n6}$的含义。 ϕ28 表示（　　　），H 表示（　　　），7 表示（　　　）， n 表示（　　　），6 表示（　　　）。$\phi 28\frac{H7}{n6}$是基（　　　）制（　　　）配合。 （2）查表写出 $\phi 18\frac{H7}{g6}$配合中的下列数值。 孔：上极限尺寸为（　　　），下极限尺寸为（　　　），上极限偏差为（　　　），下极限偏差为（　　　），公差为（　　　）。 轴：上极限尺寸为（　　　），下极限尺寸为（　　　），上极限偏差为（　　　），下极限偏差为（　　　），公差为（　　　）。 （3）查表写出 $\phi 28\frac{H7}{n6}$配合中的下列数值。 孔：上极限尺寸为（　　　），下极限尺寸为（　　　），上极限偏差为（　　　），下极限偏差为（　　　），公差为（　　　）。 轴：上极限尺寸为（　　　），下极限尺寸为（　　　），上极限偏差为（　　　），下极限偏差为（　　　），公差为（　　　）。 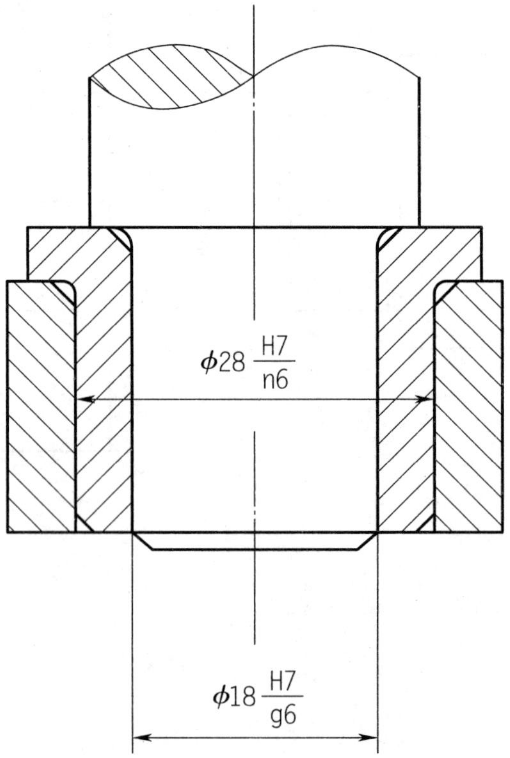 	（1）说明 ϕ8 的含义。 $\phi 8\frac{F7}{h6}$表示（　　　）；F 表示（　　　）；7 表示（　　　）； h 表示（　　　）；6 表示（　　　）。$\phi 8\frac{N7}{h6}$为基（　　　）制（　　　）配合。 （2）查表写出 $\phi 8\frac{N7}{h6}$配合中的下列数值。 孔：上极限尺寸为（　　　），下极限尺寸为（　　　），上极限偏差为（　　　），下极限偏差为（　　　），公差为（　　　）。 轴：上极限尺寸为（　　　），下极限尺寸为（　　　），上极限偏差为（　　　），下极限偏差为（　　　），公差为（　　　）。 （3）查表写出 $\phi 8\frac{F7}{h6}$配合中的下列数值。 孔：上极限尺寸为（　　　），下极限尺寸为（　　　），上极限偏差为（　　　），下极限偏差为（　　　），公差为（　　　）。 轴：上极限尺寸为（　　　），下极限尺寸为（　　　），上极限偏差为（　　　），下极限偏差为（　　　），公差为（　　　）。 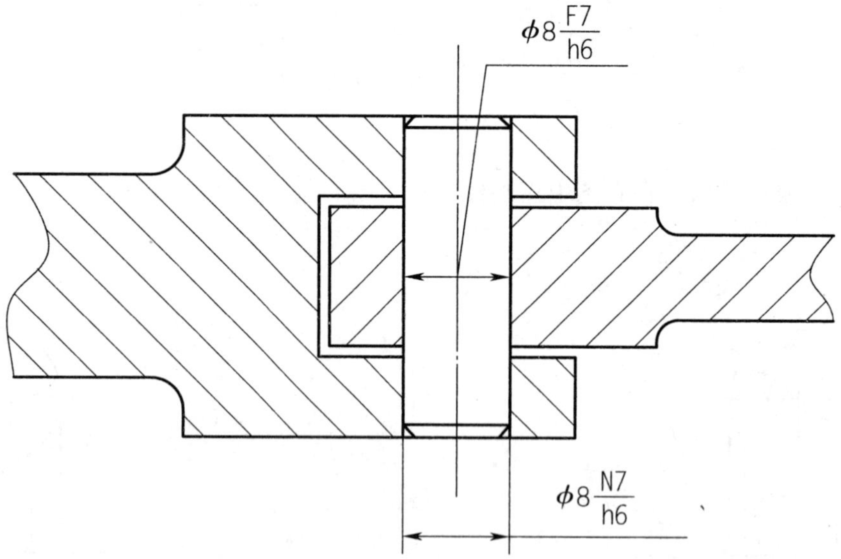

5. 根据装配图上的尺寸标注，通过查表在零件图上注出相应的公称尺寸、公差带代号、极限偏差，并回答下列问题。

（1）齿轮孔与轴的配合采用基（　　）制（　　）配合。

（2）圆柱销与销孔的配合采用基（　　）制（　　）配合。

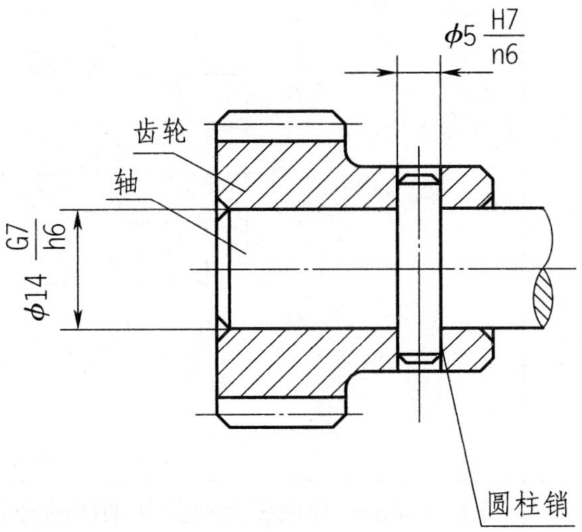

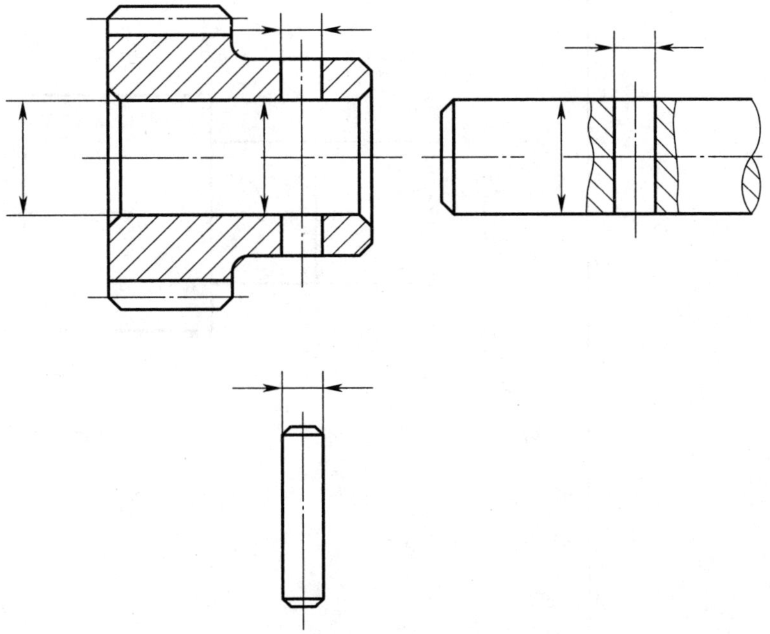

6. 用文字解释图中各几何公差的含义。

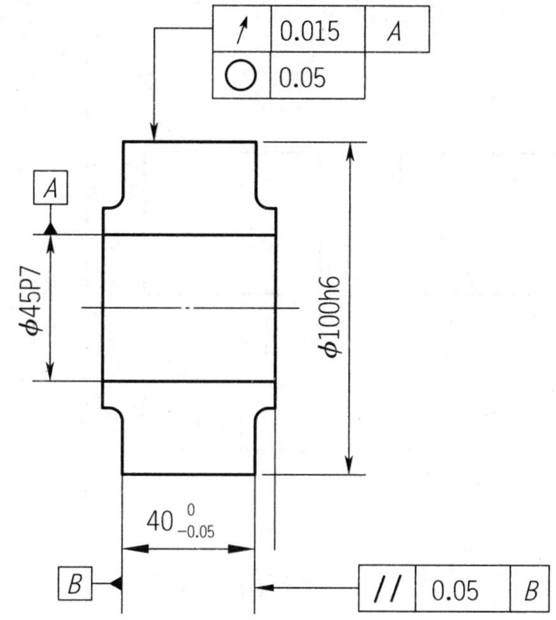

// 0.05 B ______________________；

○ 0.05 ______________________；

↗ 0.015 A ______________________。

7. 在下列图形中根据要求标注几何公差。

（1）顶面的平面度公差为 0.05mm。

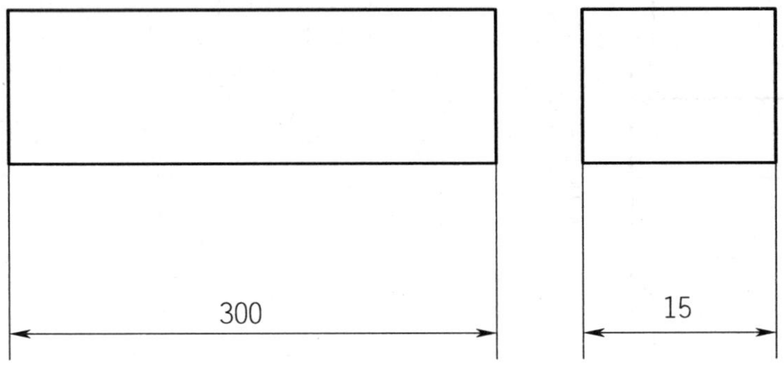

（2）ϕ 56g6 圆柱面的圆柱度公差为 0.01mm。

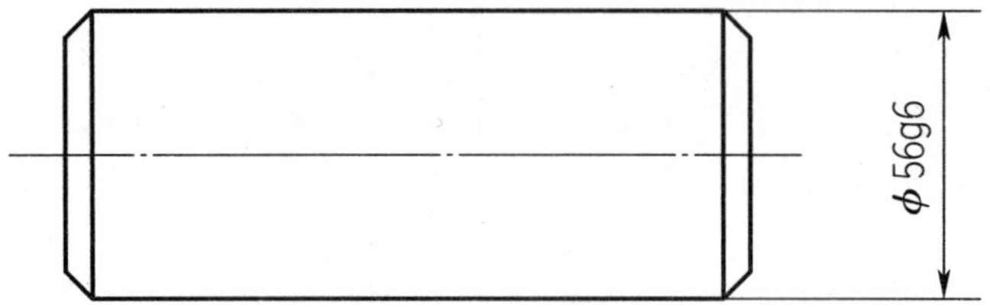

（3）ϕ 20H7 轴线对底面的平行度公差为 0.02mm。

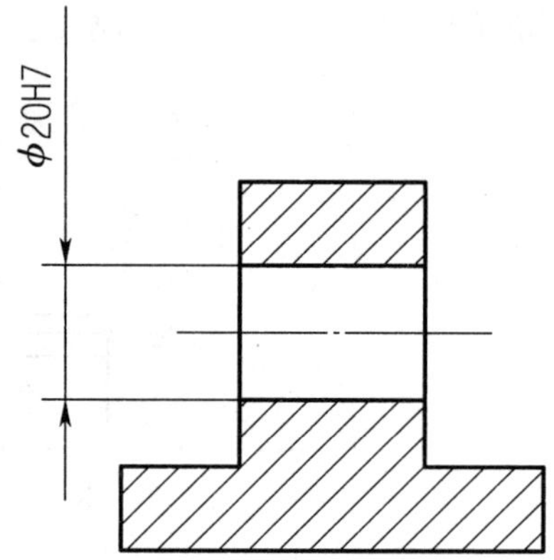

（4）*A* 面对 *B* 面的垂直度公差为 0.05mm。

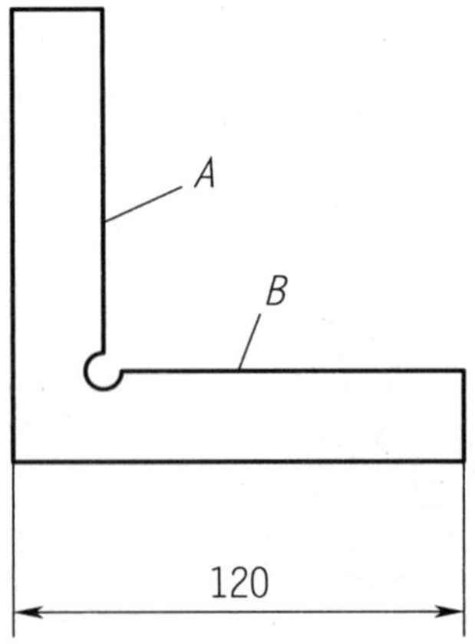

（5）宽 20mm 的槽两侧面对中心平面的对称度公差为 0.05mm。

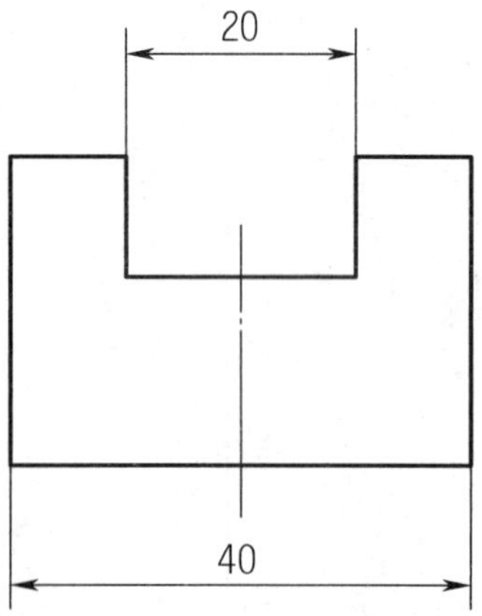

（6）ϕ 30mm 圆柱表面对公共轴线的径向圆跳动公差为 0.05mm。

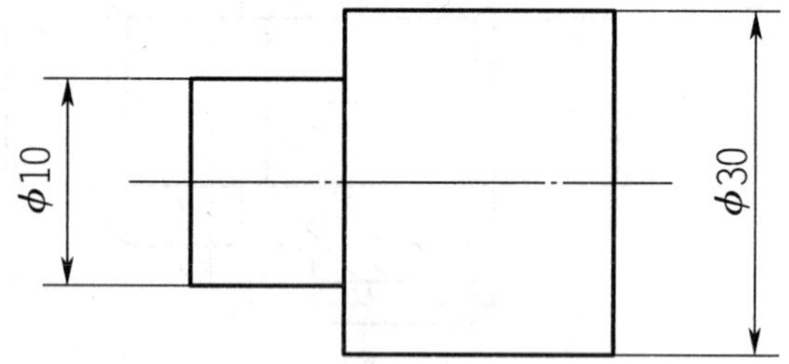

任务 2　识读零件图

1. 识读轴零件图并回答下列问题。

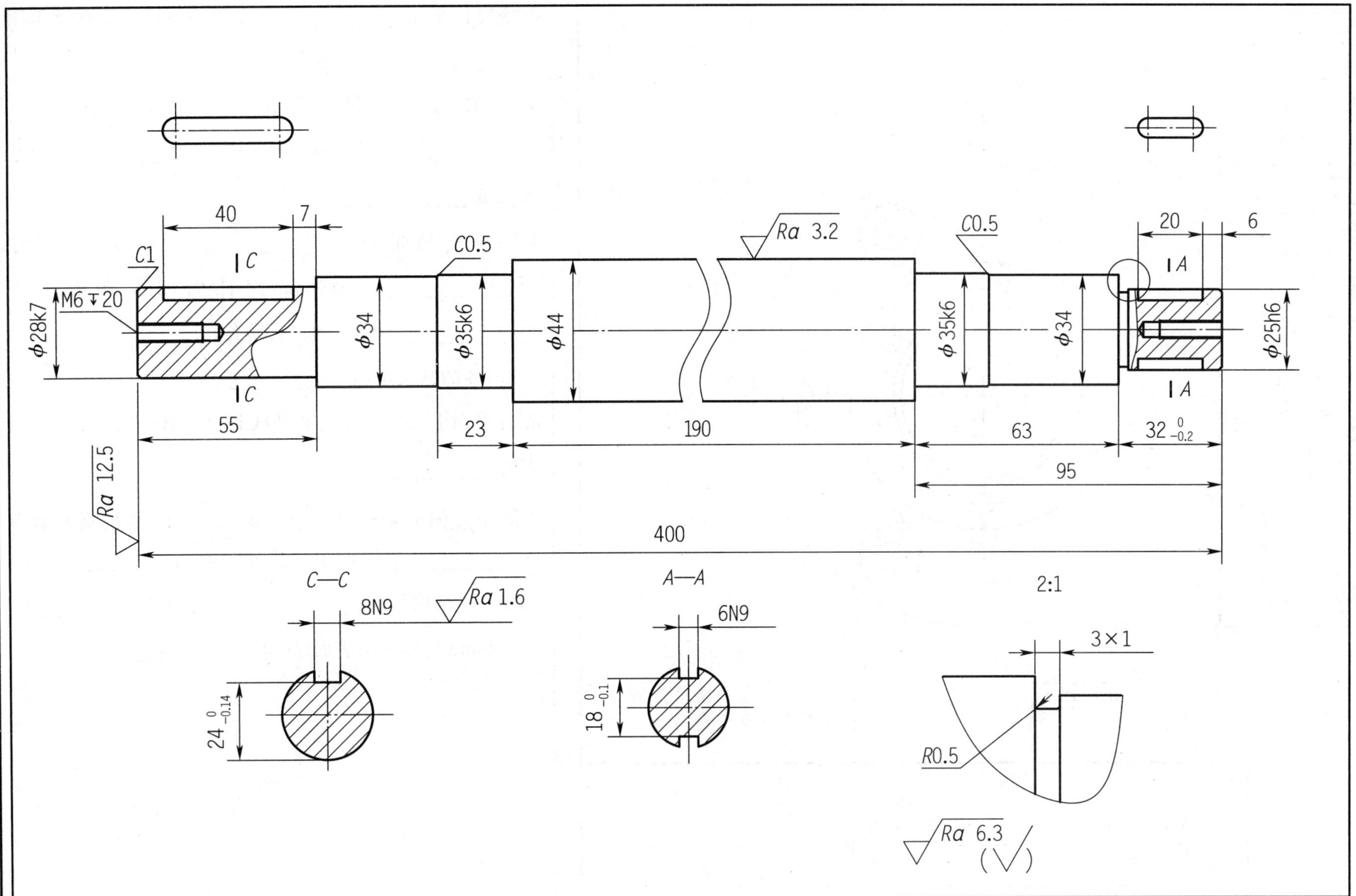

轴		材料	HT200	
		比例		
制图		数量	1	学号
设计		（学校　班级　学号）		
审核				

1. 该零件的名称是________，属于____________类零件，材料是__________，绘图比例为__________。

2. 该轴共用_________个图形表达，主视图采用__________剖视表达轴的内部结构。此外，还用了________个移出断面图表达键槽的深度和宽度，并采用了___________图表达退刀槽的结构。

3. 用文字和指引线在图中注明径向尺寸基准和轴向尺寸基准。

4. 该轴左端键槽的长度为___________，宽度为___________，深度为___________，其定位尺寸是___________。

5. ϕ28k7 中公称尺寸是_______，公差带代号是___________，基本偏差代号是___________，公差等级是__________。

6. 该轴右端退刀槽的宽度为__________，深度为___________。

2. 识读端盖零件图并回答下列问题。

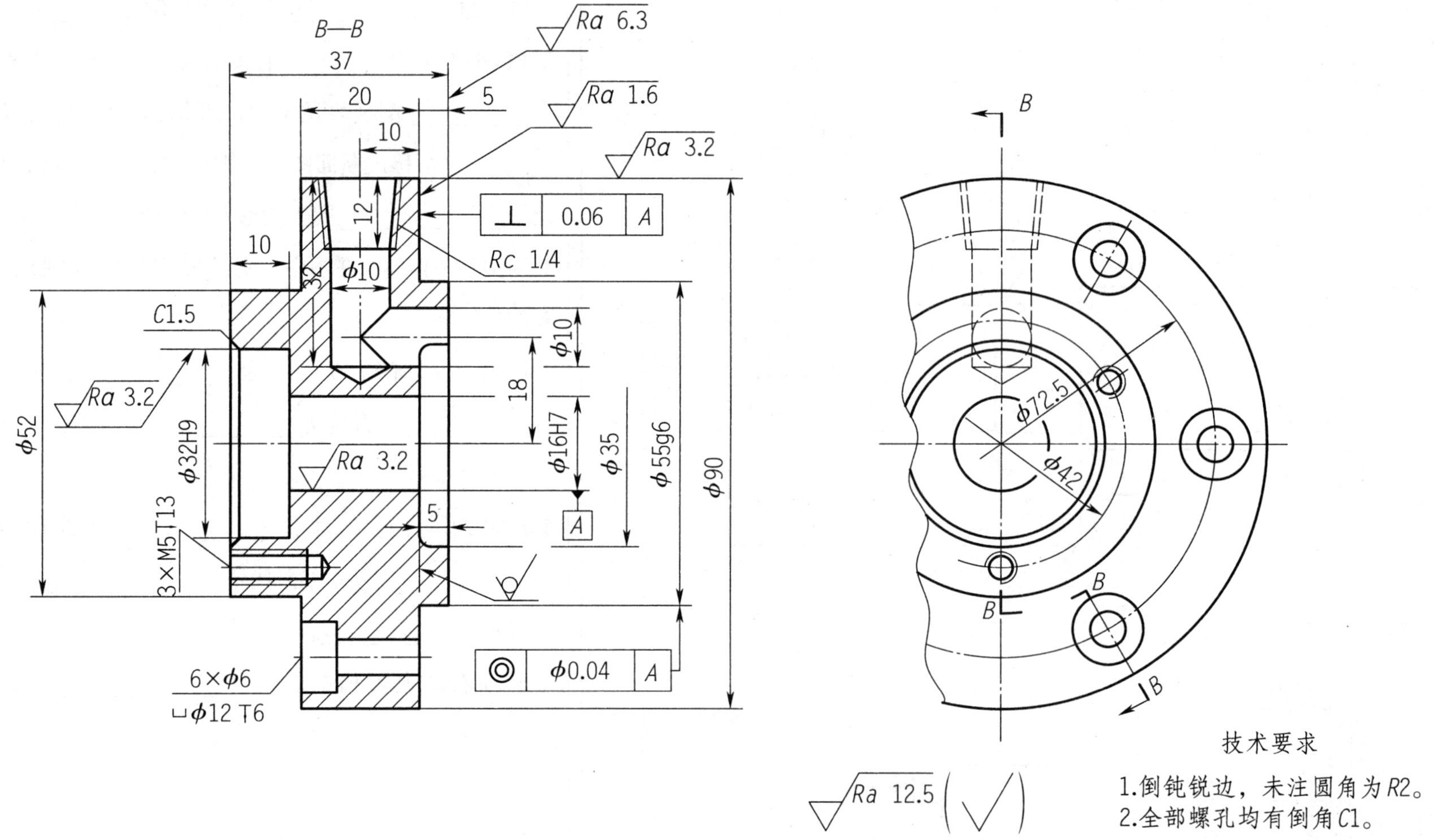

端盖		材料	HT150		
		比例	1:1		
制图		数量	1	学号	
设计		（学校 班级 学号）			
审核					

1. 该零件属于 ________ 类零件，材料是 ________，绘图比例为 ________。

2. 该零件采用 ________ 个基本视图，主视图采用了 ________ 剖视图。

3. ϕ16H7 中公称尺寸是 ________，公差带代号是 ________，基本偏差代号是 ________，公差等级是 ________。

4. 零件左端面上有 ________ 个螺孔，其尺寸为 ________，ϕ90mm 圆柱面的左端面上有 ________ 个沉头孔（台阶孔）。

5. Rc1/4 的含义是 ________。

6. 右端面上 ϕ10mm 孔的轴线到 ϕ16H7 孔的轴线的距离为 ________。

7. 图中几何公差框格 ◎ ϕ0.04 A 的被测要素为 ϕ ________ 的轴线，基准要素为 ________ 的轴线，检测项目是 ________，公差值是 ________。

8. ϕ90mm 外圆柱的表面结构代号是 ________。

3. 识读支架零件图并回答下列问题。

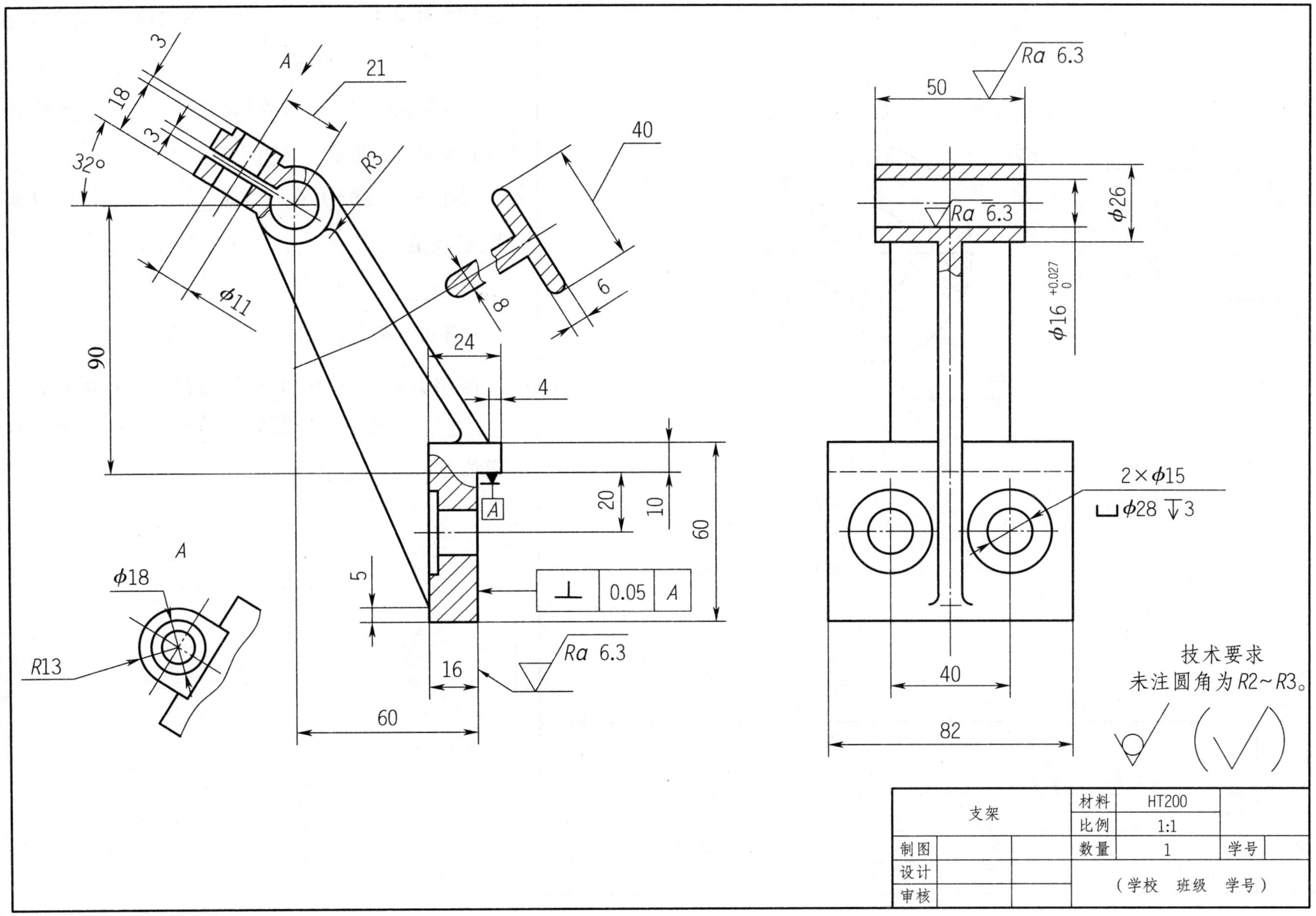

1. 该零件属于 ________ 类零件，材料是 ________，绘图比例为 ________。

2. 该零件共用 ________ 个图形来表达，主视图采用了 ________ 剖视图，左视图采用了 ________ 剖视图，以及一个 ________ 图和一个 ________ 图。

3. $\phi16^{+0.027}_{0}$ 中公称尺寸是 ________，上极限尺寸是 ________，下极限尺寸是 ________，公差是 ________。

4. 图中几何公差框格 | ⊥ | 0.05 | A | 的被测要素为 ϕ ________，基准要素是 ________，检测项目是 ________，公差值是 ________。

5. 该支架底部有两个沉头孔，其定位尺寸为 ________ 和 ________。

6. ⌴ φ28↧3的含义是 ________。

7. 该支架加工表面质量要求最高的部位是 ________，其表面结构代号是 ________。

4. 识读柱塞套零件图并回答问题。

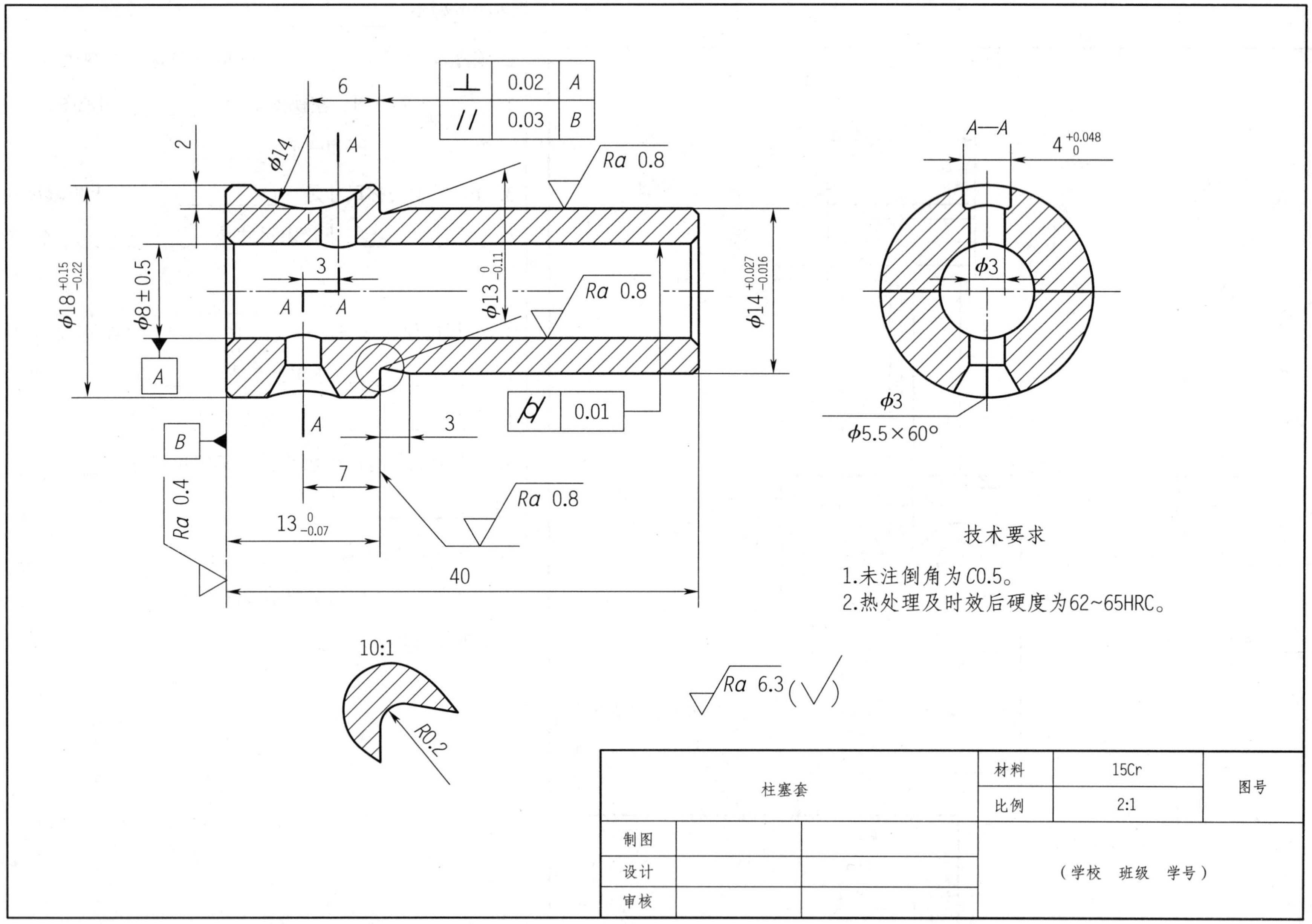

1. 该零件的名称是 __________，材料是 __________，绘图比例为 __________。

2. 该零件共用 __________ 个图形表达，主视图采用了 __________ 剖视图。

3. 该零件主视图下方的尺寸 7 是定 __________ 尺寸，左视图中 φ3 是定 __________ 尺寸。

4. 尺寸 φ（8±0.5）中，φ8 是 __________ 尺寸，上极限偏差是 __________，下极限偏差是 __________，公差为 __________。

5. 该零件左端面表面粗糙度 *Ra* 值为 __________μm。

6. 图中几何公差框格 [⌭ | 0.01] 的被测要素是 __________ 圆柱面，检测项目是 __________ 度，公差值为 __________mm。

模块 9　装配图

任务　识读装配图

1. 识读机用虎钳装配图并回答下列问题。

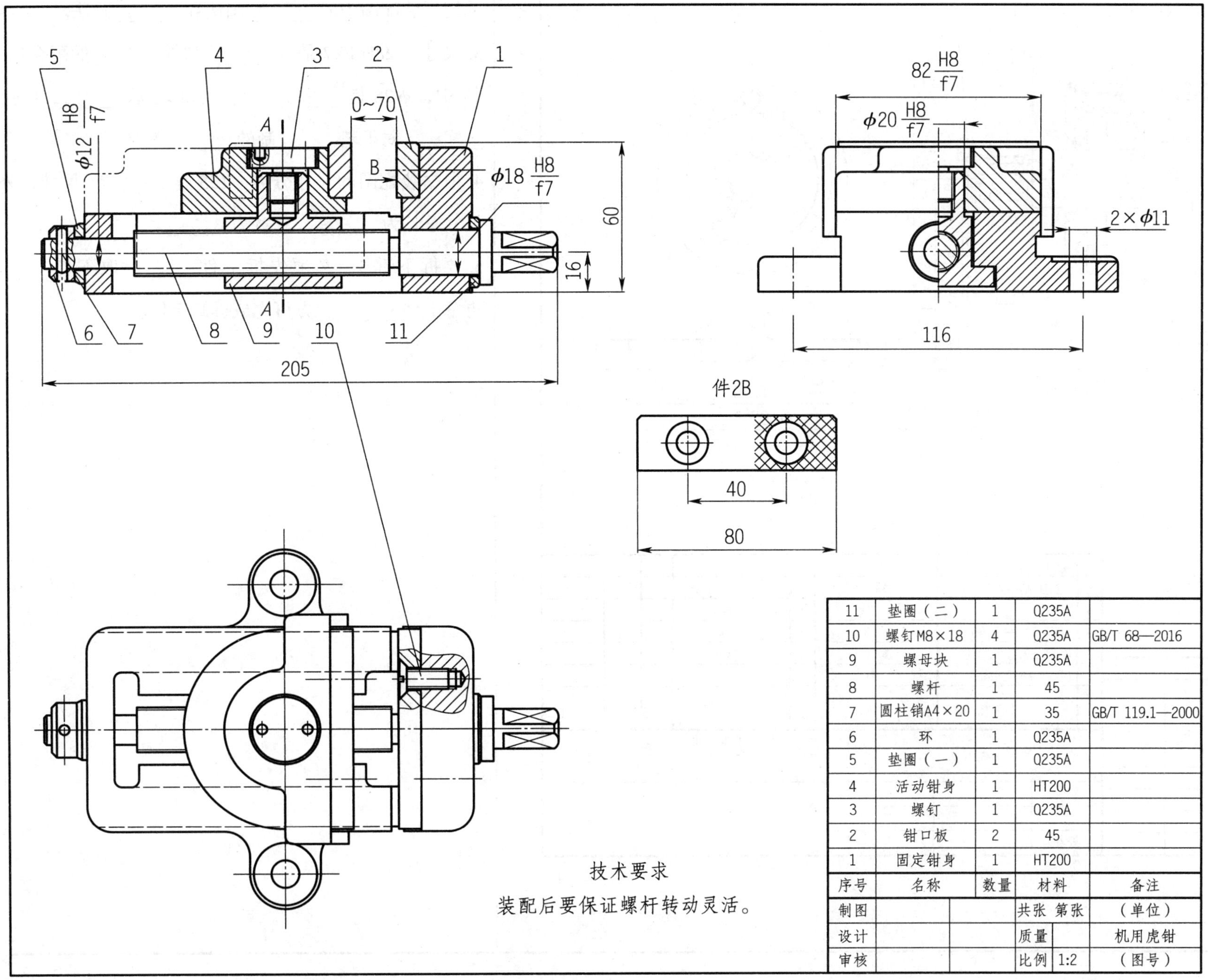

序号	名称	数量	材料	备注
11	垫圈（二）	1	Q235A	
10	螺钉M8×18	4	Q235A	GB/T 68—2016
9	螺母块	1	Q235A	
8	螺杆	1	45	
7	圆柱销A4×20	1	35	GB/T 119.1—2000
6	环	1	Q235A	
5	垫圈（一）	1	Q235A	
4	活动钳身	1	HT200	
3	螺钉	1	Q235A	
2	钳口板	2	45	
1	固定钳身	1	HT200	

制图			共张 第张	（单位）
设计			质量	机用虎钳
审核			比例 1:2	（图号）

技术要求

装配后要保证螺杆转动灵活。

1. 装配体的名称是 ＿＿＿＿＿＿，由 ＿＿＿ 种零件组成。一共有 ＿＿＿ 个零件。

2. “件 2B”图形是该装配图的 ＿＿＿ 画法。

3. 尺寸 φ20H8/f7 是件号 ＿＿＿ 和件号 ＿＿＿ 的配合尺寸，其中 φ20 是 ＿＿＿ 尺寸，H8 表示 ＿＿＿＿＿＿，f7 表示 ＿＿＿＿＿＿，属于基 ＿＿＿ 制 ＿＿＿ 配合。

4. 按装配图的尺寸分类，(0 ～ 70) 属于 ＿＿＿ 尺寸，外形尺寸总长为 ＿＿＿，总宽为 ＿＿＿，总高为 ＿＿＿。

5. 要拆下螺杆 8，必须先卸下件 ＿＿＿，取出件 ＿＿＿，取出件 5，然后旋出件 ＿＿＿，方可完成拆卸工作。

6. 装配体中有 ＿＿＿ 个标准件。

2. 识读铣刀头装配图并回答下列问题。

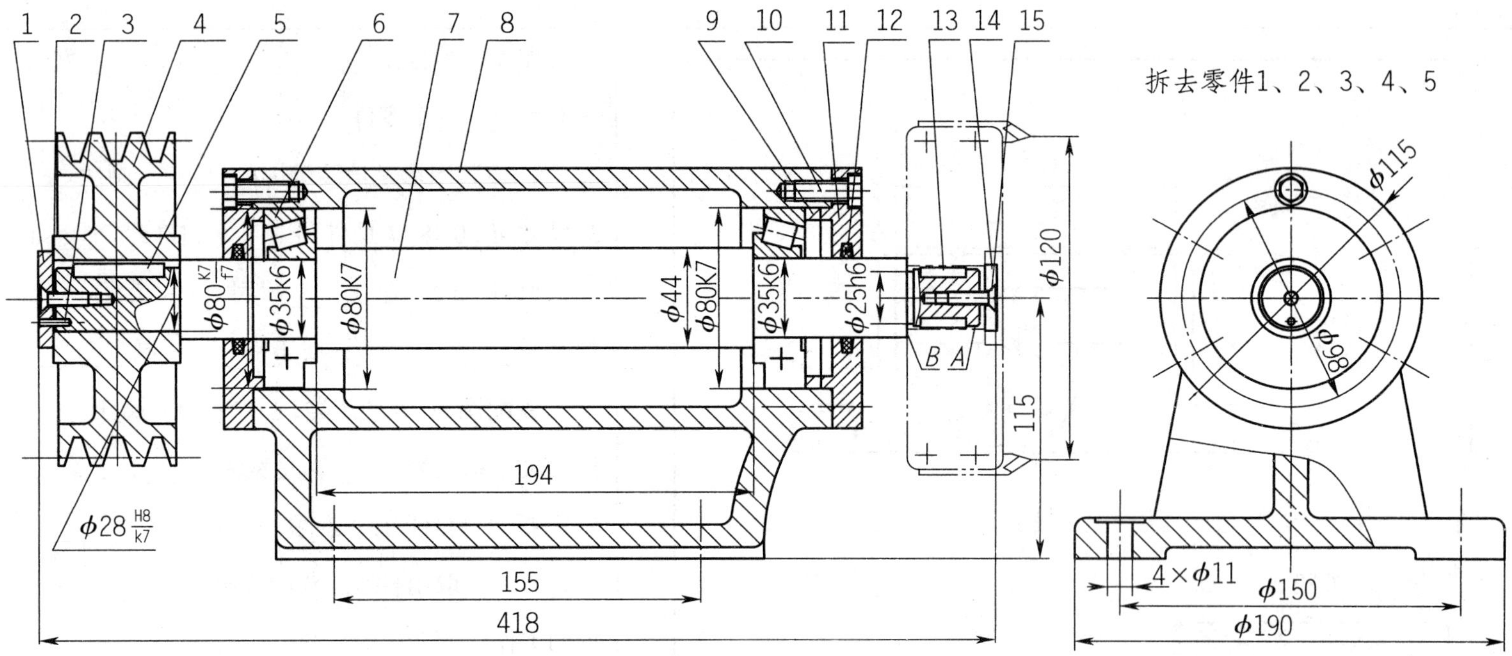

技术要求

1.主轴轴线对底面的平行度公差为100：0.04。

2.刀盘定位轴项 *A* 的径向圆跳动公差为0.02。

3.刀盘定位端面 *B* 对ϕ25轴线的轴向圆跳动公差为0.02。

4.铣刀轴端的轴向窜动不大于0.01。

6	GB/T 1927—1994	轴承	2				
5	GB 1096—2003	键	1	45			
4		胶带轮	1	HT150			
3	GB/T 117—2000	销	1	35			
2	GB/T 5783—2000	螺钉	1	Q235A			
1	GB 892—1986	挡圈	1	35			
序号	零件名称	材料	序号	零件名称		数量	材料

15	GB/T 5783—2016	螺栓	1	Q235A			
14	GB 892—1986	挡圈	1	35			
13	GB/T 1096—2003	键	2	45			
12		毡圈	2	半粗羊毛毡			
11		端盖	2	HT200			
10	GB/T 70.1—2008	螺钉	12	Q235A			
9		调整环	1	35			
8		座体	1	HT200			
7		轴	1	45			

铣刀头		比例	质量	第1张	图号
				共1张	
制图					
设计					
校核					

1. 该装配体的名称是______，绘图比例为_____，由______种零件组成，其中标准件有______种。

2. 主视图采用了_______剖视和_______画法，左视图采用了装配图中的______画法和______画法。

3. 尺寸 ϕ28H8/k7 是件______和件______的配合尺寸，其中，ϕ28 是______尺寸，H8 表示______，k 表示______，属于基_____制的______配合。

4. 根据装配图的尺寸分类，155 属于______尺寸，外形尺寸总长为______，总宽为______。

5. 要拆下键 5，必须先拆下件_____，取下件______，再拿下件______，方可完成拆卸工作。

练习实践 根据零件图拼画装配图

一、实践目的

掌握千斤顶装配图的内容及表达方法。

二、内容和要求

1. 仔细阅读千斤顶的零件图，并参照千斤顶立体图画出千斤顶的装配图。
2. 根据千斤顶各零件尺寸，自定绘图比例及图幅。
3. 视图表达方案简明、合理，投影关系正确。
4. 装配连接关系画法正确，工作原理表达清楚。
5. 尺寸标注符合要求。
6. 零件编号和明细栏填写恰当。

三、注意事项

1. 画图前必须看懂全部零件图，并了解装配体的工作原理及零件间的连接关系。
2. 标出装配体的规格、性能、装配、安装、外形等尺寸类别。
3. 注意剖面线的方向和间隔。
4. 注意标准件的画法。编号应按顺序排列整齐，指引线不能相交。

四、千斤顶的工作原理

千斤顶通过螺旋传动来顶举重物，是汽车修理和机械安装工作中常用的一种起重或顶压工具。千斤顶由顶垫、螺旋杆、铰杠、螺套和底座等零件组成。顶垫端面上的刻槽起防滑作用；顶垫与螺旋杆的接触表面为球面，可起到调节顶垫上端面以保障面接触的作用。螺套与底座、顶垫与螺旋杆均用螺钉连接。

工作时，旋转铰杠，螺旋杆在螺套（螺套有螺纹）内上下移动，放在顶垫上的重物即可被顶起或放下。

五、千斤顶装配体

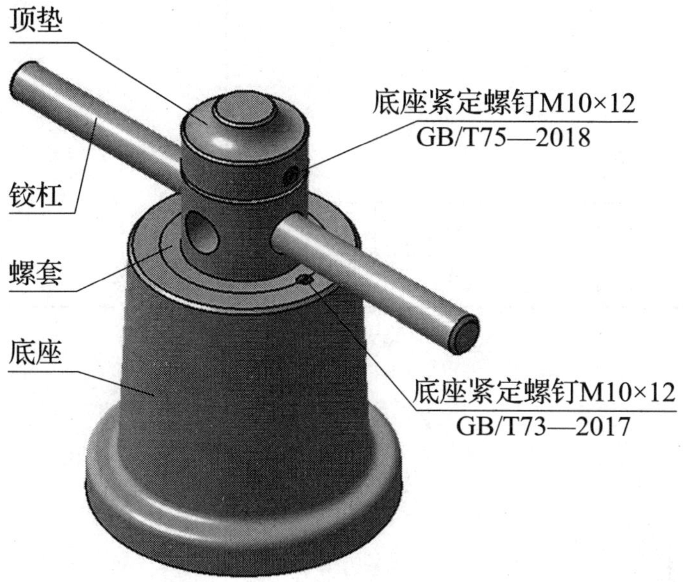

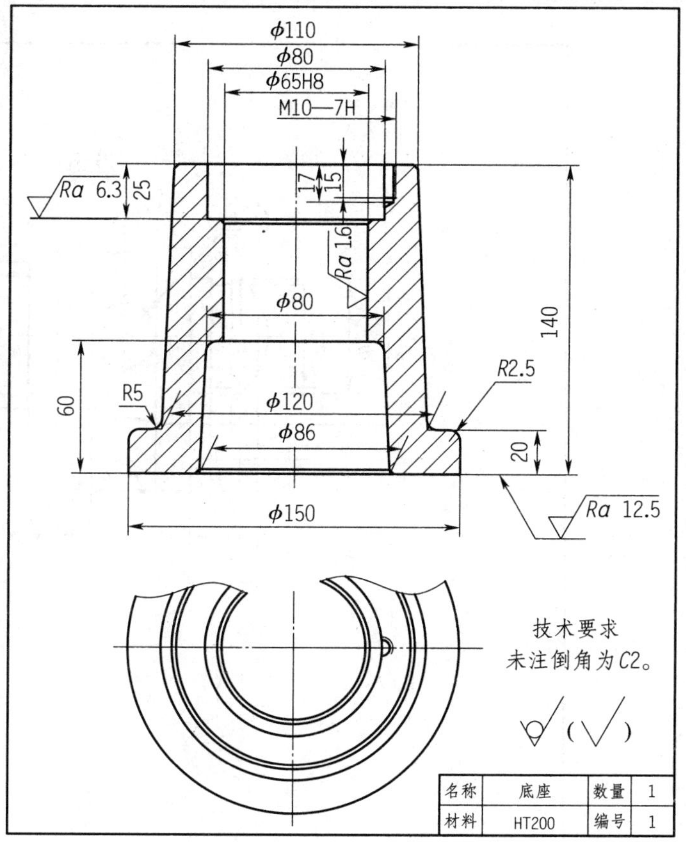

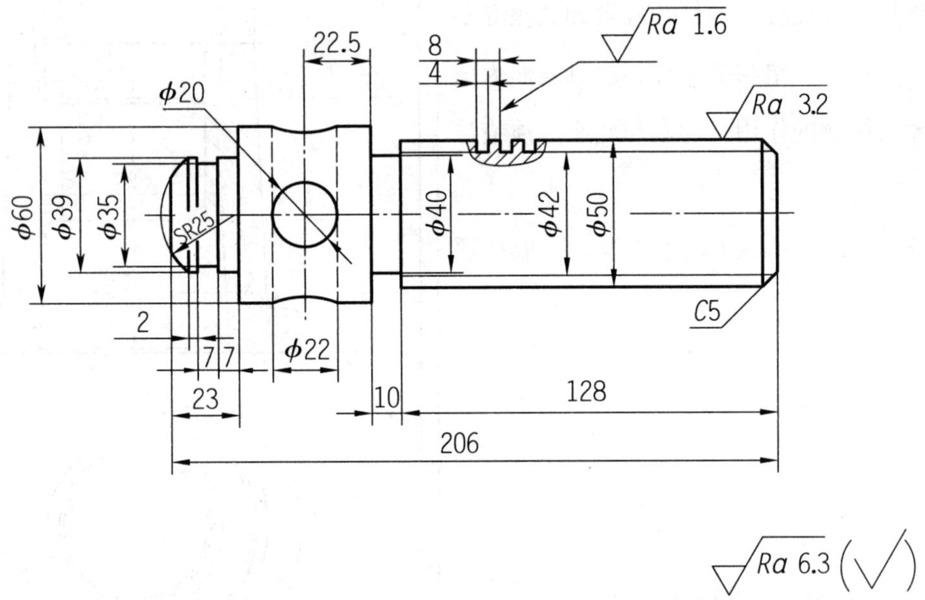

名称	螺旋杆	数量	1
材料	Q235	编号	2

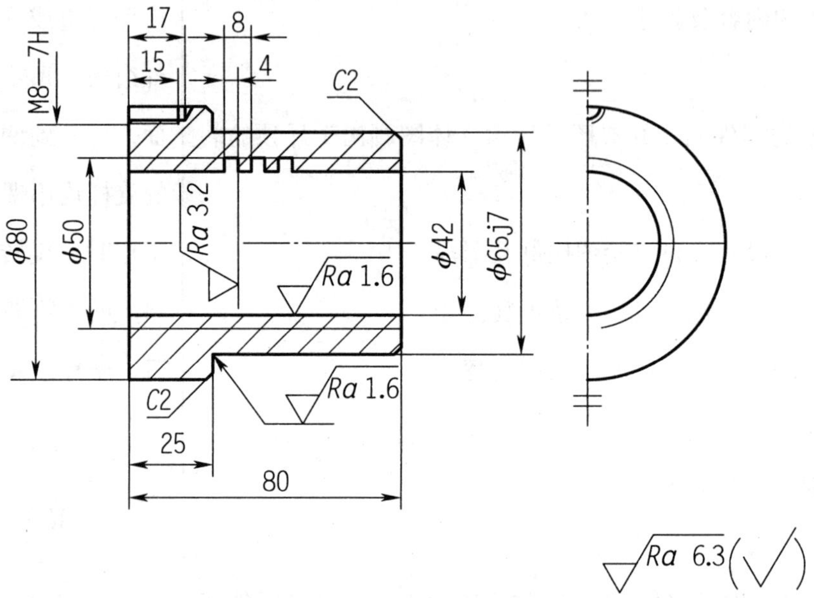

名称	螺套	数量	1
材料	ZCuAl10Fe3	编号	3

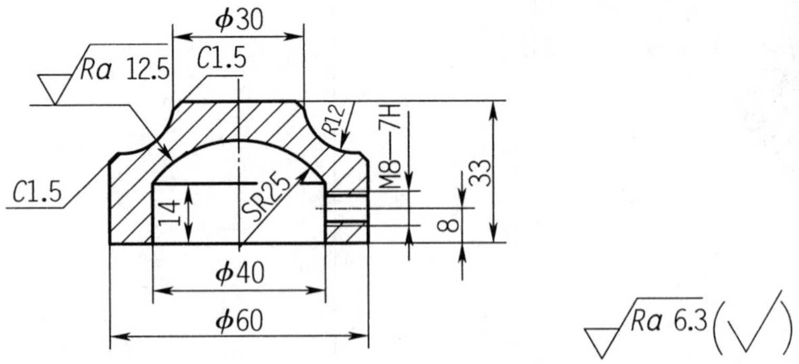

名称	顶垫	数量	1
材料	Q235	编号	4

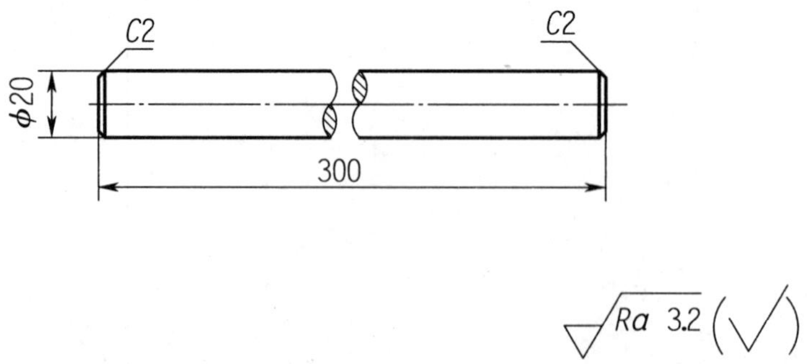

名称	铰杠	数量	1
材料	Q235	编号	5

参考文献

[1] 胡建生．机械制图习题集（多学时）[M]．3版．北京：机械工业出版社，2017．

[2] 刘力，王冰．机械制图习题集[M]．4版．北京：高等教育出版社，2013．

[3] 房芳，李春彦，李东兵．汽车机械识图习题集[M]．3版．北京：人民邮电出版社，2020．

[4] 张敏，战淑红．机械制图习题集[M]．北京：机械工业出版社，2020．